◆ 2011年10月27日，作者在红色故都江西省瑞金市

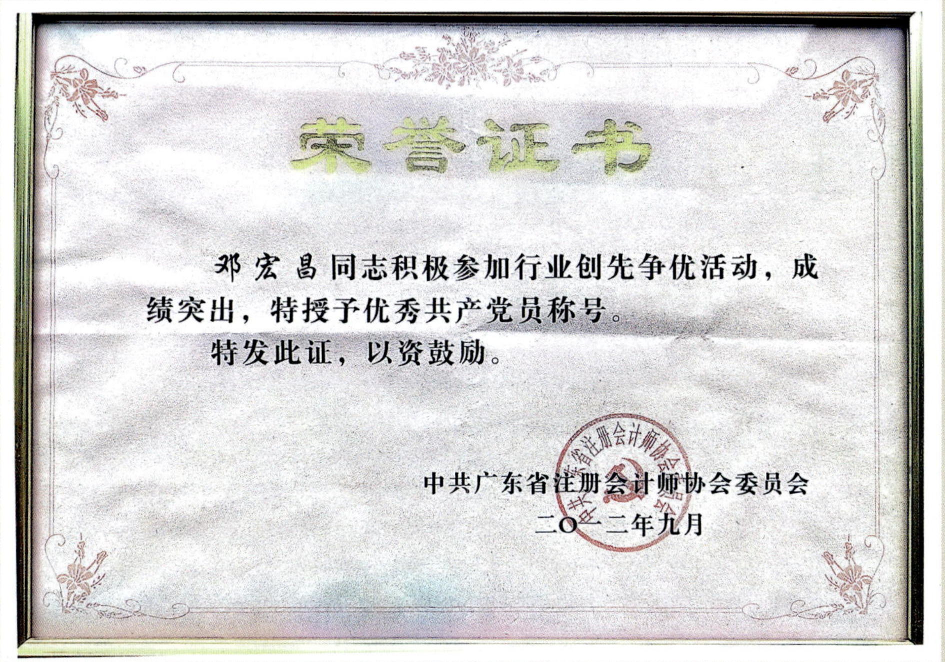

荣誉证书

邓宏昌同志积极参加行业创先争优活动，成绩突出，特授予优秀共产党员称号。

特发此证，以资鼓励。

中共广东省注册会计师协会委员会

二〇一二年九月

◆ 2012年9月，作者荣获中共广东省注册会计师协会委员会授予的“优秀共产党员”称号

◆2015年11月2日，作者在香港

中国注册会计师协会

资深会员证书

中国注册会计师协会常务理事会决定，授予邓宏昌同志中国注册会计师协会资深会员称号。

特发此证。

中国注册会计师协会
2017年12月29日

THE CHINESE INSTITUTE OF CERTIFIED PUBLIC ACCOUNTANTS

证书编号：P001284

◆2017年12月29日，作者荣获“中国注册会计师协会资深会员”称号

◆ 2016年11月，作者在澳大利亚公共会计师协会总部（墨尔本）学习

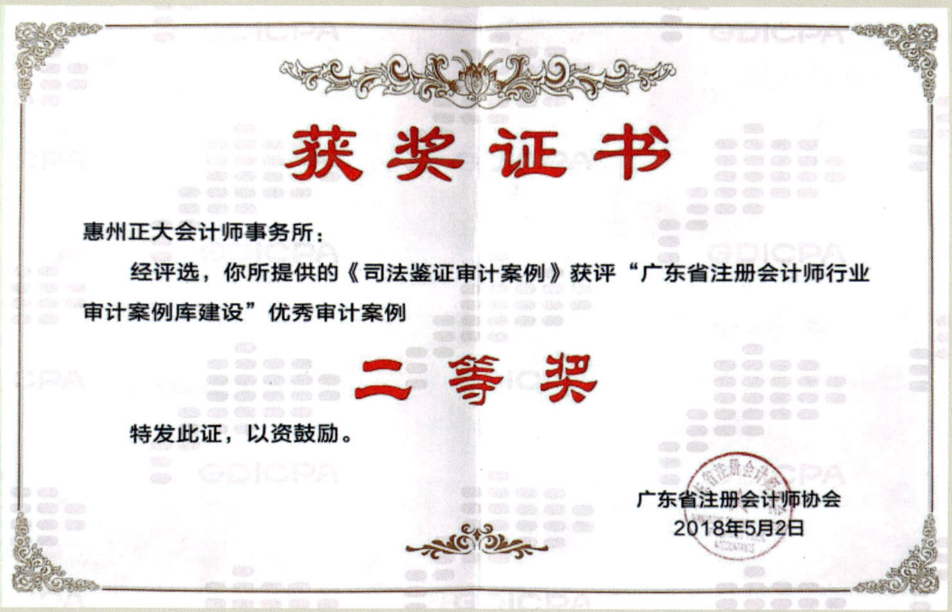

# 获奖证书

惠州正大会计师事务所：

经评选，你所提供的《司法鉴证审计案例》获评“广东省注册会计师行业审计案例库建设”优秀审计案例

二等奖

特发此证，以资鼓励。

广东省注册会计师协会
2018年5月2日

◆ 2018年5月2日，作者撰写的《司法鉴证审计案例》荣获“广东省注册会计师行业审计案例库建设”优秀审计案例二等奖

◆2017年8月12日，作者（左一）与家人在江西省会昌县杰翔幼儿园

◆2018年12月，由作者担任法定代表人的正大所荣获“2018年度广东省会计师事务所综合评价百强”称号

◆ 2017年11月18日，作者出席惠州市江西会昌商会成立庆典暨2017江西会昌（惠州）招商推介会（左为惠州市江西商会秘书长江南）

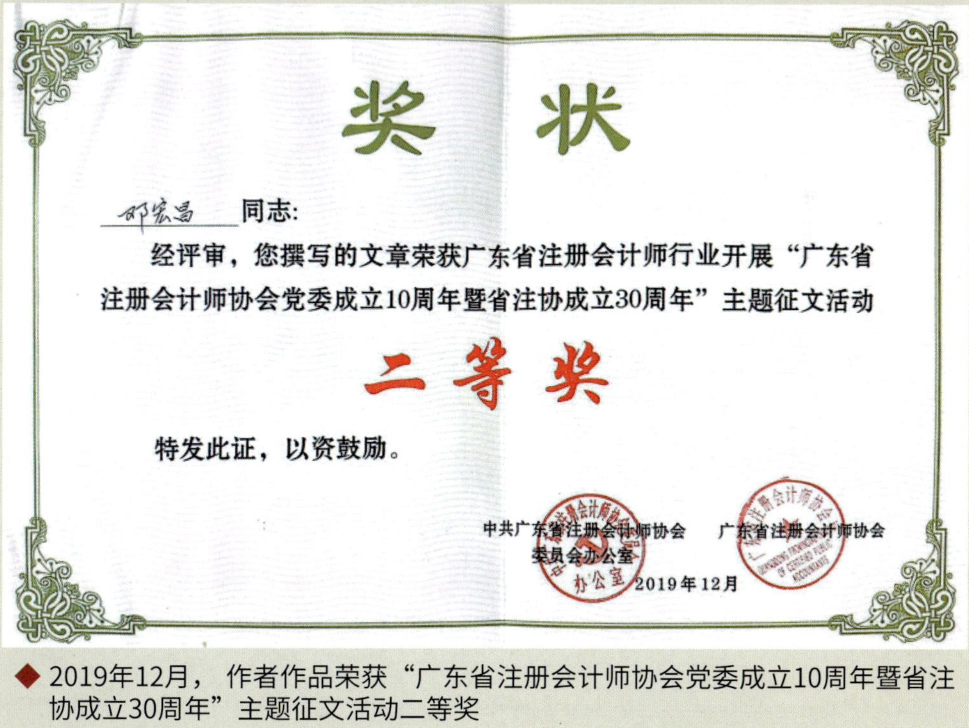

奖 状

邵宏昌 同志:

经评审，您撰写的文章荣获广东省注册会计师行业开展“广东省注册会计师协会党委成立10周年暨省注协成立30周年”主题征文活动

二等奖

特发此证，以资鼓励。

中共广东省注册会计师协会委员会办公室　　广东省注册会计师协会

2019年12月

◆ 2019年12月，作者作品荣获“广东省注册会计师协会党委成立10周年暨省注协成立30周年”主题征文活动二等奖

◆2018年春节，作者与孙女在惠州家中

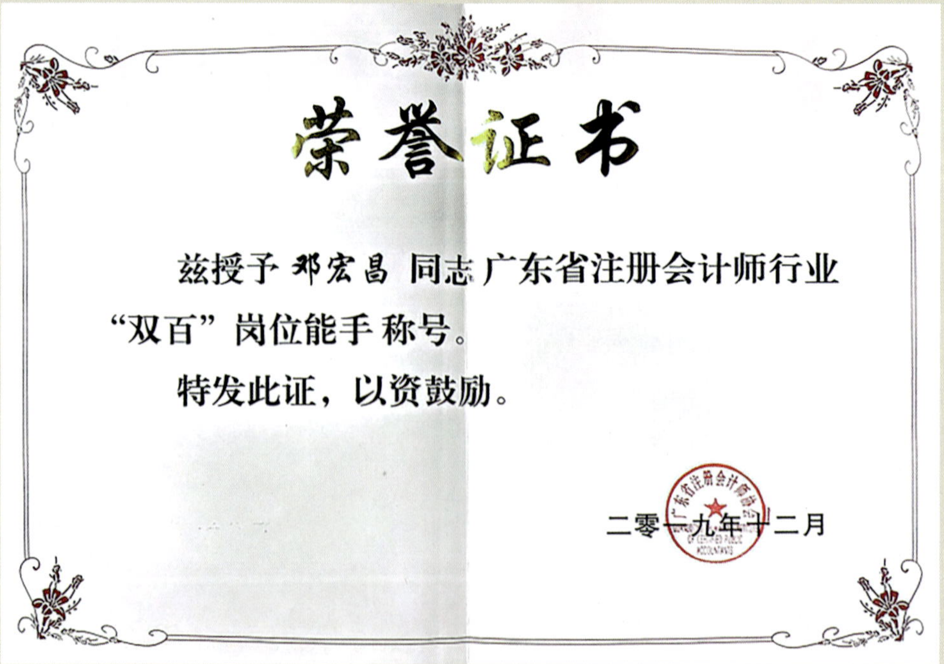

荣誉证书

兹授予 邓宏昌 同志 广东省注册会计师行业“双百”岗位能手 称号。

特发此证，以资鼓励。

二零一九年十二月

◆2019年12月，作者荣获“广东省注册会计师行业‘双百’岗位能手”称号

◆ 2018年5月18日，作者出席香港华人会计师公会一百零五周年庆祝晚会暨世界华人会计师大会开幕礼

荣誉证书

HONORARY CREDENTIAL

邓宏昌同志：

您的作品《我是中国注册会计师，我自豪！我骄傲！——写在中国注册会计师制度恢复重建40周年之际》荣获“辉煌四十年 奋进新时代”——纪念中国注册会计师制度恢复重建暨广东注册会计师行业改革发展40周年征文比赛优秀奖。

特发此状，以资鼓励。

广东省注册会计师协会

2020年12月23日

◆ 2020年12月，作者作品荣获广东省注册会计师协会“辉煌四十年　奋进新时代”——纪念中国注册会计师制度恢复重建暨广东注册会计师行业改革发展40周年征文比赛优秀奖

◆ 2023年3月24日，作者出席惠州市外商投资企业协会2023春茗活动

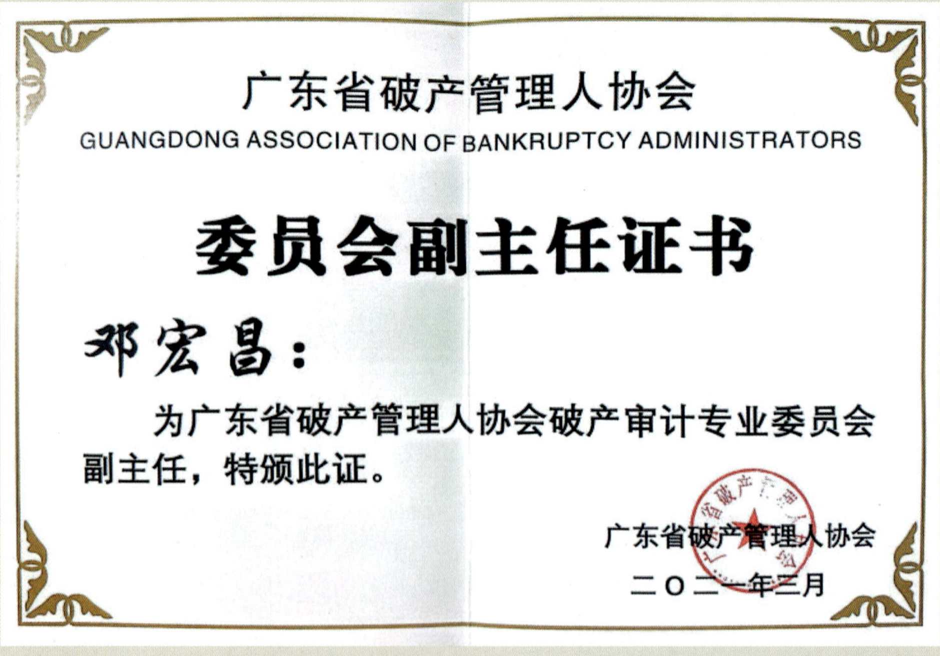

广东省破产管理人协会

GUANGDONG ASSOCIATION OF BANKRUPTCY ADMINISTRATORS

委员会副主任证书

邓宏昌：

为广东省破产管理人协会破产审计专业委员会副主任，特颁此证。

广东省破产管理人协会

二〇二一年三月

◆ 作者兼任广东省破产管理人协会破产审计专业委员会副主任（2021—2022）

◆ 2023年4月12日，作者出席广东省注册会计师协会、香港会计师公会、澳门会计专业联会联合举办的“会计现代服务与大湾区高质量发展论坛”

聘　书

LETTER OF APPOINTMENT

兹聘请 邓宏昌 同志为惠州市国资委决策咨询专家库专家，聘期三年。

惠州市人民政府国有资产监督管理委员会

2021年12月28日

◆ 2021年12月，作者被续聘为惠州市国资委决策咨询专家库专家

◆ 2023年9月22日，作者（左）出席惠州市江西商会中秋国庆晚宴（右为惠州市江西商会会长黄建华）

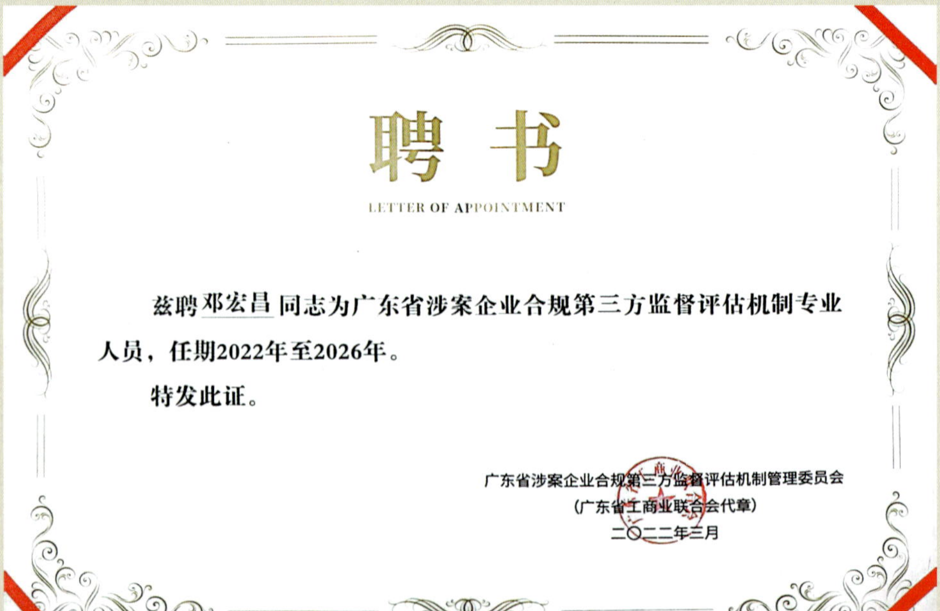

聘书

LETTER OF APPOINTMENT

兹聘邓宏昌同志为广东省涉案企业合规第三方监督评估机制专业人员，任期2022年至2026年。

特发此证。

广东省涉案企业合规第三方监督评估机制管理委员会

（广东省工商业联合会代章）

二〇二二年三月

◆ 2022年3月，作者被聘为广东省涉案企业合规第三方监督评估机制专业人员

◆ 2023年10月17日，作者在美国斯坦福大学参观

荣誉证书

CERTIFICATE OF HONOR

惠州市正大会计师事务所有限公司

《在顶层制度设计中彰显注册会计师的担当奉献

——对《劳动合同法》提出修改意见被吸纳》

会计师行业服务大湾区高质量发展案例大赛

优秀奖

广东省注册会计师协会

二〇二三年四月

◆ 2023年4月，作者撰写的案例荣获广东省注册会计师协会会计师行业服务大湾区高质量发展案例大赛优秀奖

◆ 2023年11月9日，作者前往广东省博罗县观音阁镇开展"注师伴你同行，财智助力百千万工程"观音阁镇公益财税宣讲活动暨农村集体经济组织财务规范管理培训

深圳证券交易所
SHENZHEN
STOCK EXCHANGE

上市公司独立董事

培训证明

编　　号：2310134105

证件号码：362135196211070030

邓宏昌

于 2023 年 09 月 14 日至 2023 年 10 月 13 日参加深圳证券交易所举办的上市公司独立董事任前培训（线上），已按规定完成学习。

特发此证。

深圳证券交易所创业企业培训中心

2023年10月13日

◆ 2023年10月，作者获得深圳证券交易所创业企业培训中心颁发的上市公司独立董事培训证明

# 方与圆

## 法律的终身相伴

邓宏昌　著

SPM 南方传媒 | 广东经济出版社
·广州·

**图书在版编目（CIP）数据**

方与圆：法律的终身相伴 / 邓宏昌著．—广州：广东经济出版社，2024.2
ISBN 978-7-5454-9066-4

Ⅰ.①方… Ⅱ.①邓… Ⅲ.①经济法－中国－资格考试－自学参考资料 Ⅳ.① F23

中国国家版本馆 CIP 数据核字（2024）第 001492 号

**责任编辑**：赵　娜
**责任校对**：张钰晴
**责任技编**：陆俊帆
**封面设计**：集力書裝　彭　力

**方与圆——法律的终身相伴**
FANG YU YUAN——FALÜ DE ZHONGSHEN XIANGBAN

**出版发行**：广东经济出版社（广州市水荫路 11 号 11 ～ 12 楼）
**印　　刷**：广州市东盛彩印有限公司
（广州市增城区新塘太平洋工业区十路 2 号）

**开　　本**：730 毫米 ×1020 毫米　1/16　　**印　　张**：13.25　6 插页
**版　　次**：2024 年 2 月第 1 版　　**印　　次**：2024 年 2 月第 1 次
**书　　号**：ISBN 978-7-5454-9066-4　　**字　　数**：220 千字
**定　　价**：68.00 元

发行电话：（020）87393830
广东经济出版社常年法律顾问：胡志海律师
如发现印装质量问题，请与本社联系，本社负责调换。

# 序 一

宏昌兄将其新作《方与圆——法律的终身相伴》（以下简称《相伴》）书稿交给我，邀请我为即将出版的《相伴》写一序文。这是自2012年我担任惠州市江西商会会长以来，首次有会员邀请我为其作品写序。收到宏昌兄邀请时，我既高兴，又有些犹豫——因为我从来没有为谁的作品写过序文。当我认真阅读了《相伴》书稿后，我的顾虑被彻底打消了。同时，在一股强烈的情感驱使下，我想为宏昌兄及《相伴》讲几句真心话。于是，我怀着无比激动的心情，写下了如下文字。

宏昌兄在《相伴》中描述的十几宗案例，如“婚房房产证，女友要加名，加不加？”“欠缴个人所得税，谁担责？”“股东挂名，挂不挂？”“未出资的股权已转让，还担责吗？”“五亿资产十年变零，原因何在？”“同工不同酬，违法吗？”“利是钱父母用，行不行？”“带孙子计报酬，可以吗？”等，都是人们日常生活中经常会碰到的问题，又是常常被社会遗忘的问题。这些问题看似是个人的小事情、小问题，实际上却是非常值得人们关注与重视的大事情与大问题。这些事情、问题如果处理不好，将有可能影响人的一生，甚至影响一个家庭或整个社会。宏昌兄从这些看似是小事情、小问题的表面现象着手，用通俗易懂的语言对它们的本质进行深入透彻的分析，对其背后的逻辑关系作了深刻的探讨与论证，并提出自己的观点与看法，提醒人们应从中汲取经验教训。宏昌兄有这样独特的视角、敏锐的目光、成熟的观点、娴熟的写作技巧确实难能可贵，令人敬佩。

同时，《相伴》的“专、精、特、新、高” 给我留下了深刻的印象。“专”是指《相伴》的内容虽然涉及很多审计与法律的专业知识，但让广大非审计与法律专业人士容易读得明白，同时，文字语言也充分体现了其极高的专业性。“精”是指《相伴》所写的内容立足于现实生活，针对生活实际，属于人们日常生活的精髓，同时，语言表述精准简练。“特”是指《相伴》很有特点和特色，既有娓娓道来的故事，也有宏昌兄深刻的哲理分析。“新”是指《相伴》内容新颖，让人耳目一新。“高”是指《相伴》紧跟时代脉搏与主旋律，有深度、有厚度、有高度。《相伴》所陈述的事例、案例，无不体现出宏昌兄对亲情、友情的珍视，对社会公平、正义的向往，对实现美好生活的追求，对祖国繁荣昌盛的希冀。全书以“法律无形，终身相伴”为主线，以“社会主义核心价值观”及“恪守法律，成功前提；违犯法律，自毁人生”为主题，最后以“法律至上，文明盛世”升华主题。全书告诉人们“遵守法律，是人生成功的前提，家庭和睦的保障，社会和谐的根基”是人生与社会的普遍规律。

读完《相伴》后，我深深地感受到，《相伴》有利于引导读者树立正确的人生观、世界观和价值观，非常适合作为企事业单位向职工普及法律知识和开展职业道德教育的辅导用书。香港中文大学（深圳）全球与当代中国高等研究院院长郑永年教授在2021年提出“规则就是生产力”。法律是一种规则，是由国家强制力保证实施的规则，据此，法律也是生产力。一个企业、一个单位、一个地区以及全体公民都自觉遵守法律，自然会提高业绩与效率，提高生产力，促进各项事业顺利发展。所以，《相伴》对提高广大职工的综合素质，促进企业经济效益提高有重要意义；同时，对促进广大民众学习法律知识、增强法律意识，推进法治建设，依法治国以及促进各行各业的高质量发展，都有积极意义。

当然，《相伴》中的有些观点与看法，如对《中华人民共和国注册会计师法》提出的修改建议，对建立提高育龄妇女生育积极性的长效机制，对促进我国人口高质量发展的建议，对《中华人民共和国公司法》提出的取消“挂名股东”的建议，等等，是仁者见仁、智者见智的事情，需要进一步探讨研究或在今后的实践中加以论证，也需要经过一定的立法程序才能彰显价值。但宏昌兄能在《相伴》中把问题提出来并充分阐述自己的观点，是值得肯定与赞赏的。

宏昌兄在会计师事务所工作三十年，担任正大所主任会计师二十年。之前正大所也曾为我们公司提供过专业服务，加上宏昌兄兼任了三届的惠州市江西商会理事，因此我对宏昌兄了解颇深。2022年12月，我认真地拜读了宏昌兄的自传《我从坪地石走来》，而今又率先阅读了他的新作《相伴》。于是，我对宏昌兄有了更全面、更深刻的认识与了解。俗话说“文如其人”，从宏昌兄的作品中，我们可以清晰地看到，宏昌兄是一位有理想、有追求、有奉献、有担当、勤思考、勇钻研的优秀注册会计师，也是一位勤勤恳恳、不怕艰辛、勇于创新、兢兢业业的江西老乡，是我们惠州“江西老表”的典范。在新时代、新征程中，我们这些中小企业需要更多像宏昌兄这样的“江西老表”与我们伴行。

黄建华

2023年11月

（本文作者为广东标顶技术股份有限公司董事长、惠州市江西商会会长）

# 序　二

我与宏昌相识40年，我们既是朋友又是亲戚。今年国庆节期间，宏昌把他的《方与圆——法律的终身相伴》（以下简称《相伴》）样稿给我，请我为《相伴》写一序文。

近一个月来，我认真仔细地阅读了《相伴》。读后耳目一新，受益匪浅，掩卷回味，感触颇深。《相伴》选择“法律与道德”这个任何人一生都绕不过的话题作为论题，以“法律无形，终身相伴”为主线，书中宏昌用大量亲身经历或耳闻目睹的鲜活事例作为论据，经过深入思考、条分缕析，总结、提炼出“恪守法律，成功前提；违犯法律，自毁人生”这一鲜明而深刻的主题，最后以“法律至上，文明盛世”升华主题。《相伴》内涵丰富，观点正确，对致力于实现自我价值、追求完美人生的读者来说，具有很强的启迪和借鉴作用。《相伴》行文流畅，娓娓道来，书中事例论证直接明了，逻辑性强，条理分明。所道之法理，少有专业术语，用通俗易懂、“接地气”的话说出来，具有较好的可读性，让读者一看就能悟其道、明其理、循其规。

俗话说：“言为心声，文如其人。”在《相伴》中，我们可清晰地看到：宏昌有理想，有主见，有敏锐的洞察力，有很强的原则性；遇事不惊，处事果断，坚忍不拔，不被困难压倒；紧跟时代步伐，有超前意识和观念；很有事业心和责任感，一生追求公平正义；乐于助人，有浓厚的家国情怀。当然，宏昌耿直的秉性也让他的一生中有过委屈，受过挫折，他也因此经历过一些无可奈何的事情。但功夫不负有心人，天道酬勤，厚德载物。宏昌的《相伴》等作品与读者见面，是宏昌一生依法行事，以德正己，活出自我，活出精彩的最真实、最好的写照。

“看似寻常最奇崛，成如容易却艰辛。”宏昌将自己近30年工作经验以及对人生的思考，挥笔成章，结集付梓，与大家分享，其目的和宗旨是让读者的人生更精彩，人民更幸福，社会更和谐，祖国更强大。这也是我们大家的期盼。

是为序。

邹晓华

2023年11月

（本文作者为中华诗词学会会员、赣南诗词楹联学会会员）

# 目 录

# 第一章　从业三十载，感悟与体会

至2023年7月，我参加工作已四十年，在会计师事务所工作的三十年，也是我31～61岁的人生黄金时期。一般情况下，在几十年的时间里，普通人难以书写惊天动地、波澜壮阔的历史。但是，笔者认为，往往是普通人工作、生活中点点滴滴的真实故事及其所蕴含的人生哲理，可能很有参考价值或值得人们借鉴。据此，笔者对自己三十年来的工作、生活进行认真总结，写下一些文字，愿与大家探讨人生，分享人生的酸甜与喜悦。

## 一、注册会计师是做什么的?

在平时的工作中，有不少客户称我为“律师”，也有人把注册会计师误认为“会计的师傅——很会做账的”，说明目前对会计师事务所和注册会计师究竟是做什么的，很多人不清楚甚至有较多的误解。基于此，我对注册会计师职业进行了长时间的思考。其实注册会计师从来都不是律师或做账的，注册会计师是做什么的，下面从现行法律的角度加以说明。

### （一）注册会计师是法律职业人、专业法律人

#### 1.法律规定的特殊职业

我国于1993年10月31日由第八届全国人民代表大会常务委员会第四次会议通过了《中华人民共和国注册会计师法》（以下简称《注册会计师法》），2014年8月31日第十二届全国人民代表大会常务委员会第十次会议对《注册会计师法》进行了修正。《注册会计师法》第二条把注册会计师

定义为“注册会计师是依法取得注册会计师证书并接受委托从事审计和会计咨询、会计服务业务的执业人员”。据此，从法律定义上理解注册会计师职业，可概括出如下几个特点：

一是需要依法取得注册会计师证书，这是入职门槛。自1991年开始，人们想要取得注册会计师证书，唯一的途径是参加全国统一考试。

二是需要依法接受委托。注册会计师需要依法接受委托后，才能开展业务，依法接受委托是注册会计师开展业务的方式。委托方没有委托或委托不合法的，注册会计师不得开展业务。接受委托意味着需要收取费用，也就是说注册会计师的服务是有偿服务。

三是依法开展审计和会计咨询、会计服务等方面的业务，这是注册会计师的业务范围。

四是特殊的执业人员，也就是指注册会计师是特殊的职业。国家通过制定《注册会计师法》来规范注册会计师的职业行为，按法律行业的说法，《注册会计师法》是我国中介行业的第一部法律，因此，注册会计师是个特殊的职业。

## 2.法律职业人

法律职业人是指长期全职从事法律实务工作的法律从业人员，包括法官、检察官、律师及其他法律工作者等。广义的法律职业人还包括仲裁人、调解人、公证人、司法鉴定人员等。按照《注册会计师法》的定义和注册会计师的实际工作内容与性质，笔者认为，可以更形象、更准确地将注册会计师这个职业归纳为如下几个方面：

一是会计工作的评审师。委托注册会计师对单位的财务报告实施审计，即对单位的财务会计工作进行评审。

二是经济决策的参谋长。注册会计师以其特有的专业知识优势，为企业经营与管理、国家经济建设等提供专业咨询服务。

三是经济主体的“医生”。经济主体的财务指标能客观地反映其存在的问题，注册会计师根据经济主体经营中存在的问题与风险作出诊断，提出解决问题、防范风险的方法，即成为经济主体的“医生”。

无论是会计工作的评审师、经济决策的参谋长，还是经济主体的“医生”，注册会计师都是长期全职从事与经济相关工作的法律职业人，其开展每一项业务，都必须“以事实为依据，以法律为准绳”。所以，从广义角度看，注册会计师完全符合法律职业人的条件。

### 3.专业法律人

专业法律人是指受过专门的法律专业训练，具有娴熟的法律专业知识，在法律事务岗位上从业的人员的统称。狭义的专业法律人主要指法官、检察官、监察官、律师、公证员、基层法律服务工作者等。广义的专业法律人除包含上述职业人员外，还包括企事业单位中从事法律事务岗位的职业人员，如企业的法务专员、法务主管、法务部门的其他人员等。

注册会计师完全符合专业法律人的要素条件：娴熟掌握经济领域法律专业知识、在注册会计师（法律事务）岗位上专职从业。注册会计师的专业优势，突出在会计、审计等经济领域：通过核算资料，对经济主体的财务成果是否符合法律法规发表鉴证意见；通过数据分析，对某经济主体或某区域，或某领域、行业的发展趋势作出专业预期或判断；在经济主体设立、经营至终止（破产清算）的整个生命周期里，对经济主体的经营活动是否符合《中华人民共和国公司法》（以下简称《公司法》）、《中华人民共和国民法典》（以下简称《民法典》）、《中华人民共和国企业破产法》（以下简称《企业破产法》）以及税收法规等法律的规定作出评价，对经济主体的内部控制与风险管控作出评价；等等。注册会计师开展这些业务，最基本的要求是遵守和执行法律，依法执业。所以，从广义的角度看，注册会计师是典型的专业法律人。

## （二）注册会计师是经济领域的专业法律人

从注册会计师的业务性质看，注册会计师是专业法律人。从注册会计师的工作内容看，注册会计师是经济领域的专业法律人。无论注册会计师是以会计工作评审师、经济决策参谋长，还是以经济主体“医生”的角色开展业务，均涉及经济领域。所以，注册会计师是经济领域的专业法律人。

目前，社会上对注册会计师行业的认识存在一定误区，笔者认为，主要原因如下：一是法律层面上对会计师事务所和注册会计师的定位不够准确、不够全面，二是社会上对注册会计师的专业性认识不够，三是注册会计师行业对自身的业务性质与业务特征宣传缺位，四是确实有些注册会计师缺乏应有的专业性表现。

为了让社会各界对注册会计师行业有更准确、更全面、更充分的认识，笔者认为，须在法律层面上对注册会计师是经济领域专业法律人给出准确定义，如在《注册会计师法》中明确：注册会计师是依法取得注册会计师证书并接受委托从事经济鉴证服务，提供经济咨询、经营风险诊断与评价等服务的经济领域专业法律人员。这样，对注册会计师的职责定位就比较明确，更有利于充分发挥注册会计师是经济领域专业法律人的作用，让注册会计师更好地服务国家经济建设，服务国家经济发展战略，促进注册会计师行业的高质量发展。

## 二、大、中、小会计师事务所与注册会计师

《注册会计师法》第三条规定：会计师事务所是依法设立并承办注册会计师业务的机构。注册会计师执行业务，应当加入会计师事务所。经过几十年的发展，形成了不同规模的会计师事务所，注册会计师行业对会计师事务所有个习惯分类：一是大会计师事务所（以下简称“大所”），二是中型会计师事务所（以下简称“中型所”），三是小会计师事务所（以下简称“小所”）。大所、中型所与小所的业务可以说截然不同。大所承接的大多是上市企业或央企的业务，一个项目业务收费往往几百万元、几千万元甚至超亿元。大所的业务相对稳定，大所的注册会计师可以专门研究某些细分行业的业务。而小所承接的都是中小微企业的会计、审计、税务、投融资咨询以及司法会计鉴证等领域的业务，一个项目的业务收费多则几万元，少则几千元。中型所的业务则介于大所与小所之间。因此，大所、中型所与小所对注册会计师的要求也不同，大所的注册会计师像是体

操比赛的单项选手，也有点像大医院某科室的专科医生；而中型所、小所的注册会计师（特别是中型所、小所的正副主任会计师）就像是体操比赛的全能选手，也有点像基层卫生院的全科医生，什么业务知识都需要懂一点。

大所、中型所与小所的业务不同，决定了对会计师事务所与注册会计师的管理要求有所不同。因此，有的省市会对会计师事务所进行星级分类管理，如山东省对会计师事务所进行“五星级”分类管理。笔者认为，对会计师事务所进行分级管理，有利于社会公众快速了解会计师事务所的服务水准，为社会公众选择会计师事务所与注册会计师提供准确的信息。正如对酒店的分类一样，有五星级酒店，也有一、二星级酒店。当然，不论是五星会计师事务所，还是一星、二星会计师事务所，对注册会计师的执业标准应当是一致的，正如不论是五星级酒店还是一、二星级酒店，对食品卫生标准是一致的一样。

## 三、社会公众对注册会计师的期待

注册会计师作为经济领域的专业法律人，必然涉及一个敏感问题：以怎样的专业法律人形象出现在社会公众面前，或者说社会公众对注册会计师专业法律人有怎样的期待。总结自己三十年来的注册会计师从业经历，从社会公众的角度换位思考，笔者认为注册会计师在社会公众面前，在如下四个方面应有突出的表现。

### （一）专业

注册会计师是以其专业知识为社会（客户）提供服务从而获取劳动报酬的专业人士，因此，其在专业上要有突出的表现，即在会计、审计及税务方面，注册会计师是专家、权威。同时，在其他领域，如财经法律法规（包括《公司法》等法律法规）、对事物的逻辑思维、与公众的交流沟通等方面，注册会计师也需充分体现自身的专业优势。

## （二）博学

博学，顾名思义指人的学识渊博，知识丰富，知道的东西很多。注册会计师无论是作为会计工作的评审师，还是经济决策的参谋长，或者是经济主体的“医生”，都应具有非常渊博的知识，才能胜任工作。笔者所经办的诸多成功案例，也无不体现着对注册会计师知识丰富的要求。

## （三）干练

干练是指人精明，有才干和经验，处事果断。注册会计师作为在经济领域知识渊博的专业法律人士，在社会公众面前应充分体现其处事干练的风格与作风，这样才更容易得到社会的认可。如面对客户提出的问题，经验不足的注册会计师往往会说：“对这个问题……我们还要研究研究……”回答不果断自然会让人们认为这位注册会计师水平不怎么样，使其形象大打折扣。其实，对客户提出的问题，即使自己不清楚或没有把握当场解答，也要回答得干脆一点，效果就会不一样。

如2008年5月12日四川汶川发生大地震后，惠州市正大会计师事务所有限公司（以下简称“正大所”）党支部于5月13日向全体员工发出捐款救灾倡议。而后，有员工和客户咨询：职工个人的救灾捐款是否可以抵扣个人所得税？综合当时的法律法规，正大所统一对此问题进行回答：根据《中华人民共和国个人所得税法》（以下简称《个人所得税法》）及其实施条例，对这种个人的救灾捐款没有明确是否可抵扣个人所得税，但参照《中华人民共和国企业所得税法》（以下简称《企业所得税法》）及其实施条例，我们认为，这种救灾的个人捐款应该抵扣个人所得税，具体应以国家税务主管机关的正式通知为准。果然，2008年5月21日国家税务总局发出《国家税务总局关于个人向地震灾区捐赠有关个人所得税征管问题的通知》（国税发〔2008〕55号），明确个人通过扣缴单位统一向灾区的捐赠，由扣缴单位在代扣代缴税款时，依法据实扣除。同时提出“各级税务机关应本着鼓励纳税人捐赠的精神，在加强对捐赠扣除管理的同时，通过各种媒体广泛宣传捐赠扣除的政策、方法、程序，提供优质纳税服务，方便扣缴单位和纳税人具体操作”。这样一来，社会公众自然对正大所及注册会计师有更好的印象。

## （四）可靠

《现代汉语词典》对“可靠”的解释是：可以信赖依靠，真实可信。“可靠”通俗的说法是“靠谱”。信赖是人与人沟通的基础，信赖不仅仅来源于语言的沟通，更重要的是心灵上的沟通。客户面对一位陌生的注册会计师时，只有在对其专业知识及品德产生信赖的基础上，与其业务上的合作才能更进一步。2022年6月，法院受理了债权人对H公司的破产清算申请，H公司是开发T项目的房地产公司。在购买T项目房屋的购房者中，有160多户只草签了《商品房买卖合同》、支付了首期房款。购房者签合同时的房价是8000元/平方米左右，在法院受理破产清算时，周边房价已涨到18000元/平方米以上。这些购房者都希望能按原买价取得房屋，但不知道H公司进入破产清算程序后应如何处理。因此，购房者们推举10多名代表去征求法律专家的意见，并拟订方案。鉴于正大所是广东省高级人民法院核准的二级破产管理人资质机构，也正在处理类似的项目，代表们找到正大所请求协助。在了解了事件相关情况与他们的诉求和目的后，正大所把他们能否继续履行原购房合同获得房屋的法律规定以及应采取的措施毫无保留地告知，并提出建议。当时，笔者对代表们说：“你们向我们咨询业务，我们肯定会把法律规定如实告诉你们，也希望你们能在法律规定的范围内争取最大权益。至于是否聘请我们为你们提供专业服务，你们研究好再说，大家都不要勉强。”没想到我这么一讲，代表们激动地当场表态，他们就要找我们这样靠谱的人为他们提供服务。原来，之前代表们咨询了几家法律机构的专业人士，那些机构给他们传递的信息是这件事情难办，需签约交费后再商量采取怎样的措施，就是没有哪位法律专业人士如实告知他们应如何处理。他们是抱着试试看的心态找到正大所的，只有正大所站在他们的角度，与他们推心置腹地分析利弊，讲清楚需要采取怎样的措施。

所以，可靠是一名注册会计师专业、博学、干练的必然结果。一名

“专业性强、学识渊博、处事干练”的注册会计师，自然而然会得到社会公众的认可。

## 四、注册会计师对服务对象的期待

既然注册会计师是提供有偿专业服务的，那自然涉及另一个比较敏感的问题：注册会计师怎样与服务对象建立业务关系，与客户的哪一种业务合作关系是最理想的，或者说注册会计师对服务对象有怎样的期待与希望？对此，笔者根据三十年来的注册会计师从业经历，总结了如下几点体会。

### （一）做熟不做生

注册会计师接受客户的委托才能开展业务，委托与接受委托是双向的，这是市场行为。因此，根据市场的一般规律，注册会计师开展业务同样有“做熟不做生”的习惯。做熟不做生就是说尽量与彼此相互熟悉的人做生意，或做自己熟悉的生意，对自己不熟悉的人或自己不熟悉的生意，要特别慎重。对注册会计师开展业务而言，更是如此。我们在初次接受委托方的委托时，根据执业准则的要求，会习惯性地对委托方进行一定的调查了解，对委托方的委托事项（业务）进行风险评估，包括了解委托方的诚信程度、行业内的口碑等，这也是尽快熟悉业务的过程。笔者在正大所从业三十年中，对有些老客户的主要产品、产品结构、产品成本及构成、销售价格的变动、重要客户或材料供应商、企业的发展战略等情况，都能及时了解、掌握，尽量做到心中有数。而老客户对正大所及注册会计师的特点、行事风格也比较熟悉。正是彼此的“熟悉”，奠定了我们长期业务合作的基础。

### （二）相互成就，共同成长

目前正大所的客户中，有一批合作二三十年的老客户，有的企业从成立至今一直是由正大所为其提供专业服务的，这些客户中有的主营业务收入从几十万元发展至今天的几亿元，资产规模从一两百万元达到如今的几亿元。这些客户在成长过程中如果碰到会计、税务难题和疑问，经营决策困惑等，都会主动与正大所注册会计师联系并咨询相关问题。所以，注册会计师与服务对象在建立长期的业务合作关系的基础上相互成就、共同成长，是注册会计师与服务对象最理想的业务合作模式。

## （三）平常心看待客户的流失

当然，注册会计师在漫长的执业过程中，因情况变化，难免会碰到有的客户中途变更合作对象，或是商谈的业务因其他原因未能谈成的情形。如有的客户因其工作人员调整而变更合作的会计师事务所与注册会计师，有的因为几千元的收费报价而分道扬镳等。对此，起初笔者也会感到很懊丧。但慢慢习惯了，也就无所谓了。正如日本著名实业家稻盛和夫所说："凡是你借出去的钱，不还的人都会替你生病挡灾。"借你钱都有可能不还，何况是一两单的业务流失呢？所以，笔者认为，注册会计师与客户业务合作成功，是双赢；没有谈成业务或流失客户，对注册会计师而言，也不会造成太大损失。带着这样的理念与心态，一切都可淡然处之。

## （四）是金子总会发光

党的二十大擘画了我国未来的发展蓝图，在贯彻新发展理念，积极推进高水平对外开放，加快构建以国内大循环为主体、国内国际双循环相互促进的新发展格局中，无论是各类市场主体，还是政府、机关，对注册会计师这一经济领域专业法律人的服务需求会大幅度增长。所以，无论是大所、中型所还是小所的注册会计师，无论是"单项选手"还是"全能选手"的注册会计师，在新时代、新征程中都有大展宏图的机会，只要有心在注册会计师行业发展，把"注册会计师"视为自己的事业来经营，做一位"专业、博学、干练和可靠"的注册会计师，即使起初可能比较困难，但迟早会得到社会和市场的认可与肯定，这是市场经济的客观需要决定的。正如人们所说的"是金子到哪里都会发光，是花朵在哪里都会芬芳"，注册会计师的前景一定会更美好！

## 五、人生成败的普遍规律

通俗地说，规律是指自然界和社会各种现象之间必然、本质、稳定和反复出现的关系，它揭示事物之间的内在必然联系，反映事物发展的必然趋向，如人们通常所说的经济规律、社会发展规律。普遍规律是指在一定时间、一定范围和一定条件下经常出现的规律，也称“一般规律”，是指各种事物共同具有的，相对“特殊规律”而言的规律。普遍规律与特殊规律的区别是相对的，根据事物的范围、条件的改变，普遍规律会变成特殊规律，反之亦然。

人生成功与失败的普遍规律是什么？当今社会，为何有的人事业顺风顺水，一生步步高升，从而容易获得成功人生；而有的人磕磕碰碰，步履艰难，最终得到失败的人生？为什么有的人先富而后贫，有的人起初非常贫困，努力后却能积累丰厚的财富？为什么有的家庭“富不过三代”？对这些问题，社会学者从来都没有停止过研究与探讨。注册会计师开展业务，目的是助力服务对象获得事业的发展与成功，帮助服务对象防范风险，防止人生失败。据此，作为连续执业三十年的注册会计师，笔者曾向不少企业老板提供过专业服务，在他们中，有的企业老板很成功，也有的非常失败。对那些成功或失败的企业老板，笔者进行了多方位、较长时间的观察、分析，从人的行为结果角度剖析，得出其事业和人生成功与失败的普遍规律，用一句话来概括，即“恪守法律，成功前提；违犯法律，自毁人生”。

为何“恪守法律，成功前提；违犯法律，自毁人生”是人生成败的普遍规律？

一是因为“法律无形，终身相伴”。在人的一生中，有一样东西不管你是否愿意，它都无形地存在和围绕在你身边，陪伴你终身，对你的一生产生重大而深远的影响。你只有一生遵守、遵循它的规则，才能获得人生的成功；否则，不管你取得怎样的一时成就，或积累了多少财富，只要你敢触犯它、践踏它的底线，那你便是自毁人生、自取灭亡。它就是“法律”！

二是因为群体活动中“无规矩就不能成方圆”。人是群体生活动物，每一个人必定生活在不同的群体中。凡是群体活动，必会有一个规矩，这个规矩即“方与圆”，即俗话说的“无规矩不成方圆”。何为方？何为圆？人们常说，地道为方，天道为圆。方，即规矩，是框架，是做人之本，是国家法律。圆，即变通、灵活，是老练，是顺应自然，也是人之情怀。因此，五千年的中华文化，倡导“当方则方，该圆就圆，方外有圆，圆中有方，方圆相济”，这是构成社会和谐与促进社会进步的不可替代的规律。

# 第二章　法律无形，终身相伴

既然“恪守法律，成功前提；违犯法律，自毁人生”是人生成败的普遍规律，并且已逐渐成为人们探讨人生、社会学者研究人生的一个崭新课题，那我们应该怎样对待法律、遵守法律、执行法律？

## 一、法律是国家规矩、行为准绳

### 1.规矩

规矩意思是规和矩，也指一定的标准、法度、成规、礼法。《孟子》言：“不以规矩，不能成方圆。”人们生活在当今社会，处处都离不开规矩。

规矩是一种分寸。如果我们处理事情不懂规矩，不掌握分寸，就会让很多事情过犹不及或物极必反，既影响他人的工作、生活，也给自己的工作、生活带来负面影响，从而影响事业的发展，影响人生的成功。

规矩是一种底线。人生在世，规矩是每个人心中不可缺少的一把尺。每个人都用这把尺来衡量自己可以做哪些事情，不能做哪些事情，什么事情做到什么程度。规矩这个底线就是一个临界点，超越了这个点，可能是天翻地覆、地动山摇而让人无法掌控的另一个世界。作家冯骥才说：“一个人只有守住底线，才能获得成功的自我与成功的人生。”毫无底线的人，哪怕拥有得再多，也注定是失败者。相反，那些始终坚守底线的人，就算物质上一穷二白，在精神上也是富可敌国的。我国著名田园诗人陶渊明，才华横溢，清正廉明，从不攀附权贵，也绝不阿谀奉承，为了不打破自己的底线，徘徊于仕与耕之间，最后干脆归隐田园，把才华赋于诗中，最终成为流芳百世的诗人。

规矩也是一种人品。中央电视台著名主持人白岩松曾说："人品是最高的学位，德与才的统一才是真正的智慧，真正的人才。"有才不如有德，有钱不如有品。再强的能力，在人品面前，也不值一提。为人规矩，品行自然端正，就算前路再窄，也能越走越宽。相反，无视规矩的人，注定寸步难行。《淮南子》曰："矩不正，不可为方；规不正，不可为圆。"所以，人的一生，绝不可漠视规矩。

### 2.国家规矩

法律是由国家制定或认可并依靠国家强制力保证实施，规定公民在社会生活中可以从事或不可从事哪些行为规范的总称。法律保护遵纪守法的公民，惩罚触犯法律的人，时刻提醒那些欲触犯法律底线的人。所以自古以来，"国有国法，家有家规"显得十分重要，法律就是国家为全体公民立下的规矩。

当前，我国已进入新时代，社会主要矛盾发生了变化，进一步推进改革开放，推动贯彻新发展理念，促进高质量发展，更需要有完善的法律来保障。2020年11月16日，习近平总书记在中央全面依法治国工作会议上指出："随着我国经济社会持续发展和人民生活水平不断提高，人民群众对民主、法治、公平、正义、安全、环境等方面的要求日益增长，要积极回应人民群众新要求新期待，坚持问题导向、目标导向，树立辩证思维和全局观念，系统研究谋划和解决法治领域人民群众反映强烈的突出问题，不断增强人民群众获得感、幸福感、安全感，用法治保障人民安居乐业。"[①]所以，对于我国的法律，人们关注的不仅是有没有的问题，更关注的是这个法律好不好、管不管用、能不能解决实际问题。习近平总书记在党的二十大报告中指出："全面依法治国是国家治理的一场深刻革命，关系党执政兴国，关系人民幸福安康，关系党和国家长治久安。……我们要坚持走中国特色社会主义法治道路，建设中国特色社会主义法治体系、

① 习近平：《习近平谈治国理政（第四卷）》，外文出版社，2022，第289页。

建设社会主义法治国家，围绕保障和促进社会公平正义，坚持依法治国、依法执政、依法行政共同推进，坚持法治国家、法治政府、法治社会一体建设，全面推进科学立法、严格执法、公正司法、全民守法，全面推进国家各方面工作法治化。”随着全面依法治国的深入推进，人们可以深信，我们国家的法律规矩定会更加完善。

### 3.行为准绳

行为是指受思想支配、有意识地表现出来的行动。准绳是指测定物体平直的器具，后引申为标准、准则。《吕氏春秋》云：“欲知平直，则必准绳；欲知方圆，则必规矩。”国家法律，是国家给全体公民立的规矩，也是全国人民给自己立的规矩，是全国人民都必须遵循的行为准绳。2014年10月23日，习近平总书记在中共十八届四中全会第二次全体会议上的讲话指出：“法律是什么？最形象的说法就是准绳。用法律的准绳去衡量、规范、引导社会生活，这就是法治。”“法律是治国理政最大最重要的规矩。”

我国的法律以宪法为统帅，以宪法相关法、民商法、行政法、经济法等多部门法律为主干，由法律，行政法规，以及地方性法规与自治条例、单行条例三个层次的法律规范，构成中国特色社会主义法律体系。如以调整公民日常工作、生活为主的《民法典》，调整市场主体行为的《公司法》及其实施条例，调整各级党政机关工作人员行为的《中华人民共和国公务员法》（以下简称《公务员法》）及其实施条例，调整国家自然资源的《中华人民共和国土地管理法》及其实施条例，充分体现“绿水青山就是金山银山”理念、规范环境保护的《中华人民共和国环境保护法》等，每一项法律法规，都是我们广大公民的行为准绳。

## 二、法律是人生轨道

通常情况下，人们认为法律是专业人士的事情，离普通民众的生活很远。其实不然，法律时刻陪伴着每一位公民，并伴随我们终身。

对个人而言，法律就如人生轨道。人生活在当今社会，需要不断地学习，不断地进步，不断地克服各种困难，以取得更优异的成绩，奔向人生的既定目标。据此，人的一生就如在高速铁路上奔驰的列车，法律就如铁路的轨道，任何人的一生，必须在轨道上行驶，才能安全、顺利到达目的地。因此，法律无形，终身相伴，任何人的一生，都必须严格遵守法律，绝不能偏离法律的人生轨道。确保人生在法律的轨道上前行，是获得人生成功的前提条件。

对社会而言，法律就如交通规则。人们日常出行必须遵守交通规则，如果一座城市没有交通规则来维护交通，司机驾车个个可以横冲直撞，那肯定会导致交通事故不断，整个城市岂不瘫痪？如果是这样，人们如何能安全、快速出行，这样的城市哪有生机、活力？所以，只有广大民众都遵守交通规则，城市交通才能畅通无阻。同样，如果国家没有法律，公民无规可遵，无矩可循，社会就会乱作一团，那样混乱的国家，其社会就不可能发展，经济就不可能繁荣，人民生活质量就不可能提高，人民实现美好生活的目标就会成为空谈。古希腊哲学家、科学家、教育家亚里士多德曾说："法律即秩序，良好的法律就是良好的秩序。"所以，国家法律就像交通规则一样，与广大民众的日常生活息息相关，是广大公民必须遵守的规矩，是国家繁荣昌盛的根本保证。

## 三、法律面前，人人平等

法律是国家规矩，是每位公民的行为准绳。法律规定，我国公民在法律面前人人平等。对此，可以从如下两个方面来理解。

一是公民在法律面前一律平等。《中华人民共和国宪法》（以下简称《宪法》）第三十三条第二款规定："中华人民共和国公民在法律面前一律平等。"在中国，不允许有任何只享受权利不承担义务或只承担义务不享受权利的公民，也不允许有法律之上的特权。

二是人人应遵守法律。如果有人因不遵守法律而发生违法行为，不论他们职位高低，也不论他们之前做过什么贡献，必须受到法律的惩罚。

习近平总书记在党的二十大报告中提出："深化司法体制综合配套改

革，全面准确落实司法责任制，加快建设公正高效权威的社会主义司法制度，努力让人民群众在每一个司法案件中感受到公平正义。”全面推进国家各方面工作法治化，这是我国在新时代落实法律面前人人平等、人人遵守法律的有效措施。

## 四、法律与道德，法律的情与理

### 1.法律与道德

道德，是社会意识形态之一，是公众行为的准则和规范。道德通过社会或一定阶级的舆论对人们的生活起约束作用。可从如下方面来理解法律与道德的关系。

一是法律与道德是辩证统一的。法律和道德都是人类社会特定经济关系的产物，虽然法律属于社会制度范畴、道德属于意识形态范畴，但两者都是调整社会关系和人们行为的重要机制。法律是由国家制定并强制实施的行为规范，道德是依靠人们内心信念、传统习惯和思想教育执行的行为规范。

二是法律与道德又有区别。法律与道德相辅相成，法律需要道德的支持，道德需要法律的约束，但两者又有区别。

首先，调整方式不同。法律主要指向人们的外部行为，要求人们外部行为合法，道德主要是人们发自内心、自觉地根据社会伦理承担责任的意识行为。

其次，调整的范围不同。道德的调整范围大于法律的调整范围，据此，违法行为基本上是道德所谴责的行为。许多行为受到道德的调整，但没有被纳入法律的调整范围，不受法律的禁止、限制，也不受法律的保护、支持。

最后，表现形式不同。法律以法律条款、规范性文件等形式表现，道德则比较抽象，其准则以人们的信念、社会舆论的形式来体现。

法律与道德同样重要。2016年12月9日，习近平总书记在中共中央政治局第三十七次集体学习时强调：“要在道德体系中体现法治要求，发挥道德对法治的滋养作用，努力使道德体系同社会主义法律规范相衔接、相协调、相促进。”“法律是准绳，任何时候都必须遵循；道德是基石，任何时候都不可忽视。”

### 2.法律的情与理

在一般民众心目中，法律的“方”，是冷冰冰的条条框框，是铁面无私的。其实，我国法律还有“圆”的一面，法律还是很有人情味的。如我国自2019年1月1日起实施的个人所得税专项附加扣除，即《个人所得税法》规定的“子女教育、继续教育、大病医疗、住房贷款利息、住房租金和赡养老人”六项专项附加扣除，而后又增加“婴幼儿照护”专项附加扣除，这些都充分体现了中华传统美德之“尊老爱幼”。再如自2021年1月1日起实施的《民法典》第一千零七十七条规定：“自婚姻登记机关收到离婚登记申请之日起三十日内，任何一方不愿意离婚的，可以向婚姻登记机关撤回离婚登记申请。前款规定期限届满后三十日内，双方应当亲自到婚姻登记机关申请发给离婚证；未申请的，视为撤回离婚登记申请。”这个“离婚冷静期”的规定，不是限制婚姻自由，而是在离婚行为中加入一个法定的缓冲带， 这是保障离婚自由的必要措施，为自愿离婚的当事人在登记离婚中设置适当的时间，最大限度地避免轻率离婚、冲动离婚、草率离婚，倡导考虑清楚之后再下决心离婚，这些都充分体现了法律的情。所以，我们认真阅读、理解每一部法律、每一条法律规定，会发现在貌似冰冷的法律条款背后，隐含着温暖的人间温情、世情、亲情。

任何一部法律或一个法律条文，都有其内在的逻辑关系，如这个法律或法律条文主张什么、保护什么，什么情形违法，违法需受到怎样的惩罚等，这就是法理或者说法律原理。美国著名法学家埃德加·博登海默说:“法律是人类最伟大的发明，别的发明使人类学会了驾驭自然，而法律让人类学会了如何驾驭自己。”作为人类最伟大的发明创造之一的法律，其产生及发展都存在人与法之间相互适应、相互作用的原理和规律，充分体现人的尊严与存在、人的利己本性、人是理性的动物、人具有独特的禀赋。所以，按法理的要求，法律必须承认任何人都是拥有独特价值、独特地位的尊严主体，法律必须尊重人的利己本性，承认人能理性地决断自己的事务，并且每个人又都是独一无二的。因此，法理是法律的“根基”与“灵魂”，我们只有熟稔基础的法理，才能对法律有全面的认识，才能真正揭示出法律规则背后的基础原理，以此来分析法律、评价法律以及建构法律，形成严格遵守法律的自觉性。如目前我国的各种税收法律，包括《企业所得税法》《个人所得税法》《中华人民共和国耕地占用税法》《中华人民共和国契税法》《中华人民共和国印花税法》《中华人民共和国城市维护建设税法》《中华人民共和国环境保护税法》《中华人民共和国资源税法》等单个税法，每个税法都需要明确如下四个关键问题：一是征税对象是什么，即对什么标的征税；二是计税依据是什么；三是纳税环节（在哪个环节征税）；四是税率。这些法理构成了法律的内在逻辑关系。

我国法律的情与理，是由我国法律的宗旨决定的。我国《宪法》第二条第一款和第三款规定：“中华人民共和国的一切权力属于人民。”“人民依照法律规定，通过各种途径和形式，管理国家事务，管理经济和文化事业，管理社会事务。”因此，我国法律的立法、审判、执法，均代表着广大人民的意志，其宗旨是以人为本，公平，平等，维持社会稳定，以事实为根据，以法律为准绳，维护广大人民的合法利益。

## 五、法律规矩，终身相伴

对广大公民而言，法律是眼睛看不见、手摸不着的东西，所以，法律是无形的。但在广大公民心中，凡是国家颁布的法律法规、条例等社会规范均属于“法律”。据此，我们所说的无形的“法律”，是指广义的法律，包括宪法、法律、行政法规、地方性法规、自治条例和单行条例等。

相伴是陪伴、伴随的意思。终身相伴，是指不离不弃，相伴一生。不管你愿不愿意，无形的法律都将静静地、不离不弃地与广大公民相伴一生。对此，可从以下几个方面来理解。

从人一生的纵向看，每一位公民，自母亲怀孕之时起，直至死亡及死亡的后事处理，都有国家法律来规范与约束。如《中华人民共和国妇女儿童权益保障法》中，第四十七条第二款规定：“妇女在经期、孕期、产期、哺乳期受特殊保护。”第四十八条第一款规定：“用人单位不得因结婚、怀孕、产假、哺乳等情形，降低女职工的工资和福利待遇，限制女职工晋职、晋级、评聘专业技术职称和职务，辞退女职工，单方解除劳动（聘用）合同或者服务协议。”又如我国在1994年制定了《中华人民共和国劳动法》（以下简称《劳动法》）。现行《劳动法》第六十一条规定：“对怀孕七个月以上的女职工，不得安排其延长工作时间和夜班劳动。”这些法律对妇女怀孕、产假、哺乳等时期作出特殊的规定，也就是保证我们每一位公民在母亲肚子中就受到法律的保护。

再如自2021年1月1日起施行的《民法典》第一千一百二十七条规定：“遗产按照下列顺序继承：（一）第一顺序：配偶、子女、父母；（二）第二顺序：兄弟姐妹、祖父母、外祖父母。继承开始后，由第一顺序继承人继承，第二顺序继承人不继承；没有第一顺序继承人继承的，由第二顺序继承人继承。”第一千一百三十条规定：“同一顺序继承人继承遗产的份额，一般应当均等。”所以，自然人死亡的后事处理，法律早已有了明确的规定。

横向看人的一生，人们日常生活涉及的吃、住、行、游、娱、购、工作、投资理财等各个方面，以及个人的姓名、肖像等，均有法律来保护。如在住的方面，《民法典》第二百九十条规定“不动产权利人应当为相邻权利人用水、排水提供必要的便利。对自然流水的利用，应当在不动产的相邻权利人之间合理分配。对自然流水的排放，应当尊重自然流向”。第二百九十三条规定“建造建筑物，不得违反国家有关工程建设标准，不得妨碍相邻建筑物的通风、采光和日照”。据此，就连人们居住房子的“通风、采光和日照”都有法律来明确规范。

再如《民法典》第一千零一十四条规定“任何组织或者个人不得以干涉、盗用、假冒等方式侵害他人的姓名权或者名称权”。第一千零三十二条规定“自然人享有隐私权。任何组织或者个人不得以刺探、侵扰、泄露、公开等方式侵害他人的隐私权。隐私是自然人的私人生活安宁和不愿为他人知晓的私密空间、私密活动、私密信息”。据此，就连人们的“姓名”、人们“不愿为他人知晓的私密空间、私密活动、私密信息”也有法律来明确规范。

事事处处，法律相伴。2022年10月19日，在中国共产党第二十次全国代表大会新闻中心举行的记者招待会上中央政法委副秘书长闫柏介绍：“党的十八大以来，……中国特色社会主义法治体系建设加快推进。截至今年9月底，现行有效法律有293件，行政法规有598件，地方性法规有13000余件。”完备的法律规范体系、高效的法治实施体系、严密的法治监督体系、有力的法治保障体系、完善的党内法规体系已基本形成。法律将无形地陪伴在每一位公民身边，让广大民众吃得放心，住得安心，行得安全，游得开心，娱得舒心，购得称心；让广大民众工作顺利，生活愉快，幸福满满，快乐无限。这是法律的宗旨，也是“法律无形，终身相伴”的目标。

# 第三章　财务专家，好当吗？

自2006年起，笔者先后担任了广东省发展和改革委员会、惠州市发展和改革局、惠州市财政局、惠州市工业和信息化局、惠州市人民政府国有资产监督管理委员会等部门专家库的财务专家。笔者对“专家”的工作以及“恪守法律，成功前提；违犯法律，自毁人生”的规律，有了一些深刻的体会与感悟。

## 一、项目评审，财务专家

项目评审，就是对项目的可行性或项目计划与实施及其实施的步骤、结果等作出综合评价，它是审查和批准项目计划、项目变更和项目实施前的一个重要程序。由于经济领域的项目不仅涉及花费的成本与获得的收益等问题，而且涉及经济法律法规等问题，所以，对经济类项目的评审，必须配备财务专家。

专家指在学术、技艺等方面具有专门技能或专业知识全面的人，或是特别精通某一学科或在某项技艺上有较高造诣的专业人士。财务专家顾名思义是指在财务领域或在财务的某个细分领域具有深厚的知识与经验，能解决一般财务人员无法解决的问题，或给企业提供解决复杂财务问题方案的财务专业人士。

注册会计师，是项目评审中比较合适的财务专家。正如在第一章第一节“注册会计师是做什么的？”中所述，注册会计师是会计工作的评审师、经济决策的参谋长、经济主体的“医生”。因此，一名有经验的注册会计师，是项目评审中比较合适的财务专家人选，这一点已得到社会各界的普遍认可。

## 二、评审流程，有所不同

项目评审的流程，因项目的不同或主持评审的单位要求不同而有所不同，常见的评审项目与评审流程如下。

### （一）政府投资项目的评审

对于政府投资项目的评审，主持单位会事先把评审资料（项目基本情况与可行性研究报告等资料）提交给专家。这样，评审专家事先有充足的时间认真了解、研究项目情况，做好准备工作。在评审会上，对不清楚或疑问的事项，评审专家可以向主办方或被投资单位等当面咨询。评审会结束，形成评审专家书面意见，供决策参考。

### （二）政府补助项目的评审

政府补助项目包括技术改造补助、先进制造业补助、贴息补助、现代服务业补助、文化发展专项资金补助等项目，对这些项目的评审看似简单，但流程却较为复杂，且出于对评审项目的保密需要，主持单位事先不能向专家提供相关资料。企业申请这类补助项目的流程：

（1）政府部门制订并发布扶助、补助申请申报通知，委托招投标机构（或第三方中介机构，下同）具体承办项目，受理申报申请和评审工作。

（2）企业向招投标机构提交书面申请资料，招投标机构对申请资料是否齐全进行初步核查。

（3）招投标机构组织专家对企业提交的申请资料进行初审。主要是形式审查，如审查各项指标是否达到申报条件。

（4）申报答辩。视情况，有些重大或竞争性项目须申请方进行现场答辩，此项也需要专家参与。

（5）现场勘察。在完成前4项流程后，招投标机构组织专家就项目的实施地址与实施情况进行现场查看。已参与（3）（4）程序的专家，此程序需回避，即一个项目中有几个流程需由专家参与评审的，一名专家只能担任一个流程的评审专家。

（6）批准项目，审批付款。在实施完以上程序后，政府部门召开专门会议，批准项目，审批付款。

另外，评审专家组之前一般由3名专家组成，其中至少1名为财务专家。现在，对评审专家组提出了更高的要求，专家组需要由5名专家组成，其中至少2名为财务专家。

### （三）其他项目的评审

其他项目的评审，根据项目需要，参照（一）（二）的流程，具体或有所调整，但基本流程不变。

## 三、评审否决，两宗案例

我自担任有关部门的财务专家以来，参与过投资项目、有关补助奖励、企业招聘高管（财务总监、审计部主管）等项目的评审工作，其中，由我坚持否决的两个项目，给我留下深刻的印象。

### 案例一：现代服务业，宗旨与目的

#### 1.月子中心，申报补助

2012年7月，某政府部门制订、发布《现代服务业资金扶助办法》，规定符合条件的现代服务机构，可向政府申请最高200万元的一次性补助，以促进现代服务业的发展。据此，某月子中心向政府申报该项目补助，且经过初审至企业答辩流程后，进入现场评审阶段时，我被选中作为评审专家组的三位专家之一，也是唯一的财务专家，对月子中心项目进行评审。

据了解，该月子中心项目，在初审与现场答辩阶段，因其申报的资料齐全、条件符合《现代服务业资金扶助办法》的规定而得到了评审专家的一致赞赏，评审专家认为该项目弥补了我市现代服务业的空白。

## 2.专为富人服务，政府是否扶助

当来到月子中心项目评审现场，我才清楚这个月子中心的具体服务范围：孕妇在医院产下新生儿后，将产妇与新生儿接到月子中心“坐月子”，即在产妇“坐月子”期间，产妇与新生儿的吃喝等均由月子中心的专人陪同与负责。这个月子中心是2009年从境外引进来的，整个月子中心装修得十分豪华，配置高档家具、电器，为产妇与婴儿服务的各种设施应有尽有。一位产妇与新生儿在月子中心居住一个月的收费标准为最低档次29800元，中等档次58800元，最高档次98800元。

从以上情况可知，这个月子中心是专为富人服务的。因此，在评审小组形成评审意见时，我对月子中心项目发表如下意见：即使月子中心符合《现代服务业资金扶助办法》的规定，我认为政府也不应该资助该项目。一是因为月子中心纯粹是为少数富人服务的。二是因为目前惠州的不少乡镇卫生院医疗条件较差，产房不足，设备简陋，有这个资金去扶助月子中心，为何不用该资金来改善乡镇卫生院的条件？乡镇卫生院才是为广大民众（普通产妇与新生儿）服务的机构。三是因为政府的扶助资金是财政资金，说白了也是纳税人的钱，我以一个普通纳税人的身份，也会反对用财政资金扶助月子中心。四是因为用财政资金扶助民营企业或组织，不是资金多少的问题，而是代表政府的导向与态度。

## 3.坚持原则，坚决否定

对于我提出的反对意见，有评审专家赞同，也有评审专家持不同的观点，他们认为，月子中心的服务范围不应是否定其获得政府扶助的理由，只要月子中心项目是真实的，其提交的资料是真实的，其条件符合《现代服务业资金扶助办法》的规定，评审专家就不应该否决其获得现代服务业资金扶助的权利。由于我对月子中心项目的评审意见是明确反对，最后专家组的评审意见是这样写的：专家组对月子中心申报资料及申报资料所列示服务设施真实性均认可，月子中心符合《现代服务业资金扶助办法》规定的要求与条件。但鉴于月子中心的服务对象问题，财务专家坚决反对给予月子中心现代服务业资金扶助。对此，请政府部门研究决定。

### 4.政府研究，采纳意见

鉴于对月子中心项目的现场评审，出现专家持反对意见的评审结论，政府部门核准这批现代服务业资金扶助项目的会议上，领导班子成员对月子中心项目进行了认真研究。经过与会人员充分讨论、辩论，会议形成了比较统一的认识：不论政府扶助项目的资金多少，都向社会表明了“政府支持什么、鼓励什么”的态度。所以，评价政府扶助的项目，不仅仅要看项目自身条件是否符合规定要求，更需要重视项目的社会效益与公众利益。据此，会议研究决定，对月子中心项目，采信评审专家组财务专家的意见，即月子中心申请的现代服务业资金扶助被否决。据了解，在当年这批现代服务业扶助项目的现场评审中，只有月子中心项目是因评审专家出具反对意见而被否决的。

## 案例二：贴息补助，银行贷款资金他人使用

### 1.企业申请，贴息补助

2010年6月，为了减轻企业负担，帮助企业尽快走出受“金融危机”影响的困境，某政府部门制订、发布《生产型企业贴息补助办法》，规定符合条件的生产型企业，在2009年的银行贷款、实际支付的银行利息中，可一次性获得实付利息×%的补助，补助的最高额度为200万元。V公司申请该项目补助200万元（以下简称“V公司项目”），经过初审至企业答辩流程后，进入勘查现场评审阶段，我被选中作为评审专家组的三位专家之一，也是唯一的财务专家，对V公司项目进行现场评审。

### 2.贷款资金，他人使用

评审专家组来到V公司所在地时，已是上午11时了。V公司已做好充分的准备，编制好了“银行贷款本金及每月付息明细表”，同时把银行借款合同、收款凭证、每月支付利息的付款凭证等整齐排列好，让评审专家组审查。笔者浏览了V公司财会人员编制的“银行贷款本金及每月付息明细

表”，得知V公司2009年向银行贷款8000万元，向银行实际支付利息480多万元，总体上，银行贷款与支付利息的真实性，应该没有问题。

而后，我查阅了V公司2007—2009年三年的审计报告，从审计报告附注中发现，V公司在“其他应收款”子目下应收L公司6000万元往来款余额一直没有发生变动。为此，笔者即速通过上网查询L公司的情况，发现L公司是一家从事房地产开发的企业，其大股东与V公司大股东的“姓名”竟相同。据此，我的大脑迅速运转：难道V公司与L公司是两家兄弟企业？ V公司是不是从银行取得8000万元贷款后，转6000万元给L公司使用？如果是这样，那V公司申请利息补助，就完全不符合规定。

## 3.情况属实，坚持否决

带着以上疑问，笔者当面询问V公司的高管：L公司的大股东是否与V公司的大股东为同一人？当听到我提出的这个问题时，V公司在现场的几位高管你看我、我看你，没有人愿意正面回答此问题。在我的再三追问下，V公司的总经理作了肯定的回答。在确定L公司的大股东与V公司的大股东为同一人后，笔者随即表示：V公司项目不符合规定，我们不要再浪费时间。其他两位专家及V公司高管听到此话，面面相觑，一位专家细声对我说：“什么情况？”随即我把情况作了简要说明：V公司2009年向银行贷款8000万元，已支付利息480多万元，这个事实肯定存在，但V公司把贷款中的6000万元又借给L公司使用，且L公司是房地产企业，当时的金融政策是“限制银行信贷资金进入房地产企业”。据此，V公司是没有资质向政府申请利息补助的。

V公司本来满怀信心，以为可以获得200万元的利息补助，凭我这样一句话就否决了，当然心有不甘。V公司高管们再三请求我们几位评审专家：“不要这么认真吧，我们公司贷款、付息都是事实，至于公司内部的资金如何使用，那是公司的权利，评审专家当没看见不就行了吗？退一步讲，8000万元的贷款，将6000万元借给L公司使用，剩下2000万元是由我们公司自己使用的，这部分的利息是否可考虑补给我们？”对此，我坚决予以回绝。

### 4.政府研究，采纳意见

面对V公司的银行贷款资金借给他人使用问题，专家组作了如下评审结论：2009年V公司向银行贷款8000万元，实际支付利息480多万元，但V公司将6000万元资金转借给L公司使用，V公司与L公司是同一股东的兄弟企业，且L公司的经营范围是房地产开发。因此，V公司申请的利息补助不符合规定。

专家组坚持实事求是的原则，把存在问题的事实与评审意见表达得非常清楚。最终，政府部门采信了专家组的意见，否决了V公司项目。

## 四、几点体会

我自担任政府相关部门财务专家以来，参与过不少大大小小项目的评审工作，总结近二十年来的财务专家经历，有如下几点深刻的体会与感悟。

### （一）当好专家，难度不小

人们一般会认为，当专家是很轻松的工作，开开会，看看资料，签个名就可以领报酬。其实，要真正做好一名专家，没有那么简单，特别是财务专家，要通过对数据的分析，弄清、验证数据后面的逻辑关系与事实真相等。对此，不仅需要费时、费神、动脑筋、下功夫，还需要处理其他诸多难点和问题。

### 1.责任重，压力大

财务专家的第一难是责任重，压力大。因为专家的工作直接影响各方的利益，以及各方获得利益的合法有效。所以，法律的威严和对法律的敬畏，让我们时时感受到肩上所负担子的沉重、巨大的压力。如前两个案例中，如果我思想轻微松动一些，就可能造成国家几百万元的损失，造成不该得利的一方得利，其后果是有失公平正义，让广大人民群众失去对政府的信任感，失去自己的幸福感。所以，我作为财务方面的专家，对参与评审的每一个项目，都尽心尽力、全力以赴，以确保万无一失。

### 2.反应快，把握准

如前两个案例，有些评审项目，评审专家是不能事先取得评审资料的。所以，这就要求专家“反应要快，把握要准”。财务专家取得评审资料后，面对密密麻麻的各类数据，需要快速厘清错综复杂数据的逻辑关系，并对数据背后可能存在的异常问题，作出专业判断。另外，对所判断的事情及作出的评审结论，尽量做到用词正确、表达准确无误，以免产生歧义。如在案例一中，我作出的评审结论是明确用了“反对”两个字。如果不用反对两字，就缺少了分量，与事实和评审的原意差距较大，就有可能不会引起政府部门的重视，影响决策。

### 3.业务熟，知识广

业务要熟，知识要广，这是对专家的普遍要求。如果一位专家对本专业的业务不熟悉、知识面狭窄，就难成为称职的专家。上述笔者评审否决的两宗案例中，在申请方的申报资料中，专业指标皆完美无缺，让我作出否决评审意见决定的，均是专业之外的政策问题。所以，运用专业知识的熟练程度、知识面的广度与宽度决定了一位财务专家的水平。

## （二）当好专家，守住底线

如前所述，专家的评审结果，直接影响相关方的利益。所以，能否坚持原则，直接关系评审结果是否公平、公正。这就要求专家必须恪守法律、坚持原则，在法律面前绝不可以感情用事。如案例二，如果不去考虑或追究8000万元的银行贷款中，V公司已转借给其关联企业L公司6000万元的因素，V公司申请的利息补助是完全符合条件的。作为参与评审的财务专家，发现了这个问题后，就不可能当作没看见而不管。事后，即使有关利益方因诉求未能实现而心怀不满，但由于专家是坚持原则、代表正义的，他们也只能冷言冷语地数落我们是“死脑筋”，不会变通。所以，专家好不好当的问题，是相对而言的。如果能坚持原则，守住底线，具备较高的专业水平，以认真负责的态度进行评审，是能当好这个专家的。

正因为我在惠州市的有关项目评审中，表现出“原则性强、业务熟练、知识面广”等财务专家素质，在广东省有关部门组建专家库时，惠州市有关部门才极力推荐了我，我才成为广东省有关部门专家库的财务专家。

## （三）崇高荣誉，倍加珍惜

有朋友问我，当这个财务专家，花那么多时间和精力去开展评审，只收那么一点评审费，值吗？对此，仅从经济收入角度来看，当这个专家，确实价值不高。但很多东西，不是仅仅以经济收益来衡量的。

注册会计师、律师和医生，是社会公认的以专业技术“吃饭”的专业人士。律师为当事人赢了一宗大官司，当事人会高度称赞，自己也很有成就感。医生治好了病重的病人，病人及其亲属一般会送锦旗给医生，或向社会大力宣扬赞美医生。而注册会计师审查出客户单位存在的问题，为其挽回多少损失，或注册会计师的策划方案为客户节约多少成本或创造多少利润等，根据注册会计师职业道德的规定和出于保护客户的商业秘密考虑，注册会计师一概不可对外宣传。当然，客户就更不会宣扬注册会计师帮他审计出什么问题了。因此，社会对律师和医生自然就形成一个公允的评价，如某律师、某医生的水平高。而注册会计师在社会公众面前则始终披着神秘的面纱，社会公众往往对注册会计师是做什么的都弄不清楚，自然就鲜有人对注册会计师的专业水平作出评价了。因此，注册会计师即使取得再显著的成绩，也只能“孤芳自赏”，社会上很少有人为注册会计师喝彩。

我深深地感受到，在社会公众对注册会计师的专业水平少有公开评价的情况下，因社会和市场的客观需要，有关部门给予少部分注册会计师“财务专家”的称号，无疑是给了这些注册会计师崇高的荣誉和行业的最高奖赏。因此，每一位拥有“财务专家”称号的注册会计师，唯有不忘初心，努力做好专家工作，才配得上专家的荣誉，才是对“财务专家”称号最好的回报。

# 第四章 婚房房产证，女友要加名，加不加？

笔者对一宗“婚房房产证女友要加名，加不加”的案例记忆犹新。由此引发笔者对人们在日常生活中涉及父母与儿女经济往来等一些法律问题的思考。

## 一、儿子决定买婚房，父母拟资助首期款

近三十年来，我国男女青年结婚，一般要求在结婚前男方购买婚房，这就引发所购买婚房的房产证女友要加名等一系列法律问题。

吴姐与梁先生出生于20世纪50年代后期，他们1976年高中毕业后，响应政府“上山下乡”的号召，前往海南某农场接受再教育。直到1979年、1980年，吴姐与梁先生先后回到惠州，梁先生通过“顶班”进入市G公司学开车，而后成为专职公交车驾驶员。吴姐通过“招工”进入市H公司下属某集体企业任普工。回到惠州工作落实、生活稳定后，吴姐与梁先生于1983年结婚，1985年他们的儿子阿斌出生。当时，正值国家实行计划生育政策，提倡一对夫妇只生一个孩子，因此，吴姐生了阿斌后，就没有再生小孩。此后，吴姐的三口之家可以说是过上了幸福安逸的生活。但吴姐所在的集体企业经济效益欠佳，至20世纪90年代中期，吴姐成了下岗工人。无奈之下，吴姐参加了惠州市广播电视大学会计学专业的函授学习。而后，吴姐应聘到某外企从事财会工作，因工作关系，笔者与吴姐逐渐熟悉。

光阴似箭，日月如梭。吴姐儿子阿斌2003年未能考上大学，也应聘到一家外资公司做普工。转眼到了2012年，阿斌向吴姐夫妇汇报他谈了女

友，准备买套新房结婚，这实在令吴姐夫妇高兴！阿斌新房买好后，装修、添置家具等还需要花费一大笔钱。为了减轻儿子和儿媳将来的负担，吴姐夫妇考虑再三，准备用其所有的积蓄资助儿子，为儿子买新房支付首付款，房款的按揭部分就由儿子和儿媳自己负责。

## 二、婚房房产证，女友要求加名，父母左右为难

当吴姐夫妇把他们的想法告知儿子时，没想到儿子说，女友提出需在房产证上加上她的名字。为此，吴姐向有关朋友打听、了解有关情况，得到信息：父母为子女婚前买房形成的财产，是夫妻共同财产，如果儿子与儿媳分手或离婚的话，夫妻需对半分割①。对此，吴姐夫妇心里很不踏实，儿子与女友尚未办理结婚手续，现在是为儿子买房支付首付款，如果在房产证上加上儿子女友的名字，万一今后他们反悔或者婚后离婚，儿子女友岂不是要分走一半的财产？对此事，吴姐不知道向谁咨询，也不好过多地向他人张扬，于是，吴姐思来想去，于2012年9月某日，前来向我这位注册会计师询问：像她这种情况，父母为儿子买婚房支付首付款，房产证儿子女友要加名，是加好还是不加好？加了有多大风险？

## 三、消除后顾之忧，如期购得婚房

我了解情况后，根据我对当时《婚姻法》的理解，结合自己对家庭关系中“方与圆”的认识，耐心地向吴姐作了如下几点解释：

一是《婚姻法》是这样规定的，如果夫妻离婚，一般情况下夫妻的共同财产是各分一半。法律只能作这样原则的规定，但也有特殊情况，如夫妻双方一方有过错的，法院也会视情判予少分财产。

二是作为父母，对儿子女友提出的这个要求，要表现得大度一点，表示完全同意。因为，儿子与女友结婚后，就是一家人了，一家人之间需

---

① 当时的《中华人民共和国婚姻法》（以下简称《婚姻法》）是这样规定的，自2021年1月1日起实施的《民法典》第一千零六十三条对此作了修改。

要真诚相待。作为长辈，不能明显、过多地显示出对儿媳的“怀疑”或有“设防”的行为。否则，一家人本没有矛盾也会产生许多矛盾，也要相信儿子与女友的感情。

三是建议吴姐通过银行转账方式，把为儿子买房支付的首期房款转到儿子个人账户里，且在转账的款项用途中注明“购某某小区几号房的首付款”，打印好转账回单并保存好，留下充分的证据。如果将来万一儿子与儿媳需要分割财产，对父母资助儿子买房的首付款部分，父母也应分得一部分财产。

吴姐听我这样一解释，她的担心消除了。吴姐儿子与女友顺利买得婚房，如期结婚，婚后生活幸福美满。

## 四、法律实践，与时俱进

根据我国自2021年1月1日起实施的《民法典》第一千零六十三条规定，（夫妻）一方的婚前财产属于夫妻一方的个人财产，来分析吴姐儿子与儿媳当时购买这套婚房这个案例，将是怎样一种情况？如果吴姐儿子与儿媳于2012年10月买的婚房原价是100万元，吴姐支付了首付款30万元，70万元是吴姐儿子与儿媳向银行办理的10年期按揭贷款。2022年12月，假设吴姐儿子与儿媳离婚处置这套房的净收入（扣减税费后）是240万元。此时，吴姐儿子主张由吴姐代他婚前支付的30万元房款，应被鉴定为他的婚前财产，按下列比例参与房屋变现净收入的分割与分配：

吴姐代儿子婚前支付的房款30万元，属于吴姐儿子的婚前财产，应分得房屋变现净收入$30 \div 100 \times 240=72$万元。

吴姐儿子和儿媳“夫妻共同财产”各可分得房屋变现收入$(70 \div 2) \div 100 \times 240=84$万元。

由于吴姐儿子已在婚前购买婚房时，在房产证上加上了女友的姓名，则该婚房属于吴姐儿子与儿媳的夫妻共同财产。假设十年后发生分割，以上的婚房财产分配方案符合原来的《婚姻法》关于夫妻共同财产分配分割的规定，在司法实践中，也有类似这种夫妻婚前财产分割的判例。同时，这也符合目前《民法典》第一千零六十三条（夫妻）“一方的婚前财产”属于夫妻一方的个人财产的规定。所以，本案例虽然已过去十年了，国家对夫妻婚前财产列为夫妻共同财产的法律也进行了修改，但该案例中对分割夫妻共同财产的处理，仍有现实的指导意义，这也是司法实践与时俱进的结果。

## 五、几点启示

目前，吴姐夫妇已退休在家照顾孙子、孙女，真正享受天伦之乐。从本案例中，我们可以得到如下几点启示：

一是法律深入广大民众的生活。十多年前，无论是吴姐夫妇，还是吴姐儿子的女友，均知道用法律来维护自己的合法权益。这说明法律无形，终身相伴，遵守法律，依法办事，法律意识已深入广大民众的心中。只有广大民众都有强烈法律意识，法律才能发挥更大的作用。

二是宣传法律，用法律知识消除人们生活中的困扰，是专业法律人士应尽的责任与义务。我估计，当时吴姐是把我当律师看待，才向我咨询她为儿子买婚房支付首期款的问题。另外，可能有的人会认为：花这么多精力去处理这些家庭财产的事务，对注册会计师来说，有点“不务正业”。是的，对吴姐向我咨询的问题，我也可以一推了之，说“我不是律师，这个问题请您去咨询律师的意见”。但我觉得，一方面，涉及夫妻共同财产分割等家庭财产问题，是社会普遍关注、广大民众日常生活中常常会遇到的问题，作为经济领域专业法律人的注册会计师，对涉及家庭财产的法律基本知识是有所掌握的，并能对法律规定作出准确的解释。另一方面，客户的信任是我们注册会计师莫大的荣幸。所以，我应尽心帮吴姐消除心中的担忧与顾虑。

三是普通民众对专业法律人有一种自然的信任感。不管当时吴姐是否把我当律师看待，可以肯定的是，吴姐对我这个经济领域专业法律人是信任的，才愿意把她认为不便于向他人询问的问题，向我如实陈述，希望我能为她解除困惑。同时，吴姐夫妇对我的解释也是很认可的，且基本上按我提出的方法去实施，以防范法律上的风险。所以，在新时代、新征程中，需要更多的专业法律人向广大民众做好法律知识的宣传、解释。

四是正确理解法律、运用法律，才能更好地发挥法律的作用，依法维护人们的合法权益。对此，在熟悉法律“方”的同时，需要应用好法律的“圆”。本案例中，如果吴姐夫妇不资助其儿子早日买下婚房，其儿子结婚一事或多或少会受一定的影响，而且当时的《婚姻法》是这样规定的：如果夫妻离婚，夫妻共同财产原则上由夫妻双方各分一半。如果吴姐夫妇死守法律的规定，不知道变通，其儿子的婚事是怎样的结果，确实很难预测。

五是用法律来维护家庭各成员的合法利益，家庭才会和睦，生活才会幸福。家是最小的国，国是千万个家。不可否认，在小小的家庭中，成员之间也会涉及各方面的利益平衡问题。所以，用法律来维护家庭成员的合法利益，是正确的方法与途径。

六是人生中很多只会发生一次的小事，处理不好可能成为影响终身的大事。这就是“法律无形，终身相伴”的结果。对大多数民众而言，结婚一事人生只会发生一次，“婚房房产证，女友要加名”也是人生中只会碰到一次的事情，看起来是一件小事。但是，如果吴姐夫妇没有处理好儿子女友在婚房房产证上加名的问题，有可能会因此产生不少家庭矛盾，进而影响家庭和谐。所以，吴姐夫妇妥善地把握好“方与圆”的度，儿子与其女友顺利买得婚房，一对有情人喜结良缘，这才是真正对法律是家庭和睦、人民幸福生活保障的最好诠释。

七是方与圆有机结合，生活美满幸福。从这个小小的案例中，我们看到了法律“方与圆”的方方面面。现实生活中，只有把法律的“方与圆”有机结合，融会贯通，才能更好地发挥法律的作用，让广大民众的生活更加美好。

# 第五章　买房十年办不了房产证，为什么？

笔者在执业过程中，碰到一宗“购买的商品房，十年办不到房产证”的案例。由此，也引发笔者对人们在日常生活中购置房产等时涉及的一些法律问题的思考。

## 一、买商品房，付清全款

8位购房者付清全款购买的商品房，装修、入住一切顺利，只差办理产权证。

### （一）施工队接受工程款抵房

M惠房地产开发有限公司（以下简称“M惠公司”）开发的“M惠花园”项目，于2009年9月竣工验收，但M惠公司仍欠高张施工队（以下简称“高张”）320万元工程款。于是，2009年9月底，高张与M惠公司签订《工程款抵房协议》，约定M惠公司将M惠花园3栋3单元第1～8层8套商品房（以下简称“8套房”，每套房建筑面积110平方米）作价320万元给高张，用于抵消其欠付高张的320万元工程款。如果高张将8套房销售给其他人，价款由高张收取，M惠公司统一开具不动产销售发票，办理产权登记手续，销售总价款小于或等于320万元涉及的所有税款，由M惠公司承担，超过320万元部分，30%分给M惠公司，作为M惠公司应分担税费与补偿。《工程款抵房协议》签订后，M惠公司将8套房的钥匙交给高张。

### （二）与施工队签认购协议

根据与M惠公司签订的《工程款抵房协议》，高张为了及时回收资金，对8套房按原价每套40万元积极向亲友推销，并邀请有意向购买者现场看房。鉴于M惠花园已竣工验收，对购房者来说，8套房相当于现楼销售，购买即可马上交房，同时，M惠花园周边其他商品房的售价已接近每平方米5000元，而8套房的售价每平方米仅3600多元，价格确实优惠。于是，招来诸多意向购买者看房。2009年11月底，赵六等8人与高张签订《M惠花园商品房认购协议书》（以下简称《认购协议》）。《认购协议》约定：赵六等8人向高张认购8套房，每人付定金8万元后，根据《工程款抵房协议》，由赵六等8人分别同M惠公司签订《商品房买卖合同》，M惠公司开具正式商品房销售发票，房款全部付给高张，并约定产权证在《商品房买卖合同》签订18个月内办妥等。

### （三）收楼交房，装修入住

在高张的协调下，2009年12月，赵六等8人分别同M惠公司草签《商品房买卖合同》，M惠公司也出具确认函：赵六等8人购买8套房的价款分别由其各自支付给高张，同时，向赵六等8人分别开具正式商品房销售发票。2009年12月底，赵六等8人付清房款后，高张将8套房的钥匙分别交付给赵六等8人，M惠公司与赵六等8人分别办妥房屋交付手续。至此，高张已处理完毕M惠公司欠付其320万元工程款所抵的8套房，即M惠公司已销售8套房，M惠公司欠付高张的320万元工程款也已结算清。2010年1—5月，赵六等8人分别对8套房进行装修，2010年9月前，赵六等8人先后迁入新居。这样，2009年9月底高张与M惠公司签订的《工程款抵房协议》，算是取得了圆满的结果。

## 二、成为被告败诉，阻止房屋拍卖

赵六等8人迁入新居后，他们认为购买M惠花园商品房一事已基本结束，就差M惠公司办理房产证手续了。可是，谁都没想到，赵六等8人全款买了房子，后来竟然成为被告，且败诉后法院要强制拍卖房子。

## （一）不能办理房产证，成被告被迫应诉

赵六等8人于2009年12月分别同M惠公司草签的《商品房买卖合同》约定，M惠公司需在2011年6月之前为他们办妥8套房的产权证。可是，2011年4月，赵六等8人却收到法院应诉通知书，这让赵六等8人有祸从天降的感觉。原来，M惠公司在开发建设M惠花园项目时，以项目的“在建工程”作为抵押物，将包括8套房在内的所有商品房抵押给D银行。M惠花园开发完成后，在M惠花园商品房正常预售情形下，购房人支付定金、草签《商品房买卖合同》后，M惠公司须向房地产管理部门办理备案登记[①]。但由于M惠公司未还清贷款本息，D银行没有解除对8套房的抵押，所以，他们草签的《商品房买卖合同》没有办法办理登记备案手续，之后也就无法正式网签《商品房买卖合同》和办理权属登记手续[②]。这样，8套房的权属就一直登记在M惠公司名下。

在M惠公司不能按期偿还贷款本息的情况下，D银行根据《中华人民共和国担保法》（以下简称《担保法》，已于2020年12月31日废止）第三十三条规定，于2011年初对M惠公司提起诉讼，要求依法处置包括8套房在内的抵押物，并请求行使优先权。鉴于8套房实际已由赵六等8人占用，因此，赵六等8人被列为第二被告。在这种情况下，赵六等8人没办法，只能被动应诉。

## （二）依法审理遇败诉，阻止房屋被拍卖

D银行与M惠公司的借款纠纷一案，在借款事实清楚、抵押手续齐全等证据充分、完整的情况下，依法进行一审、二审审理，D银行的诉讼请求

① 2004年7月20日公布的《城市商品房预售管理办法》（中华人民共和国建设部令第131号）第十条规定：商品房预售，开发企业应当与承购人签订商品房预售合同。开发企业应当自签约之日起30日内，向房地产管理部门和市、县人民政府土地管理部门办理商品房预售合同登记备案手续。

② 根据《城市商品房预售管理办法》（中华人民共和国建设部令第131号）第十二条规定：预售的商品房交付使用之日起90日内，承购人应当依法到房地产管理部门和市、县人民政府土地管理部门办理权属登记手续。开发企业应当予以协助，并提供必要的证明文件。

均得到支持。据此，2014年7月，经评估后，根据《担保法》第三十三条规定，法院对赵六8人所购的8套房拟强制执行——委托拍卖机构拍卖。这对赵六等8人来说，真如晴天霹雳，他们没想到，自己全款购买的房子，是他人的房子，还要被拍卖，哪里有这样的法律！

在这种情况下，赵六等8人则根据《最高人民法院关于人民法院办理执行异议和复议案件若干问题的规定》（法释〔2015〕10号）第二十八条“金钱债权执行中，买受人对登记在被执行人名下的不动产提出异议，符合下列情形且其权利能够排除执行的，人民法院应予支持：（一）在人民法院查封之前已签订合法有效的书面买卖合同；（二）在人民法院查封之前已合法占有该不动产；（三）已支付全部价款，或者已按照合同约定支付部分价款且将剩余价款按照人民法院的要求交付执行；（四）非因买受人自身原因未办理过户登记”的规定，提出执行异议之诉。赵六等8人购买的8套房，完全符合以上条款的规定。据此，在法律条款明确的情况下，法院中止了对赵六等8人实际占用的8套房的强制拍卖。

## 三、主动提起诉讼，亦难办房产证

虽然赵六等8人所购买的8套房的强制拍卖被中止了，但仍不能办理产权证。面对这种情况，他们8人进行了认真研究。其中7人认为，法院已认可其购房合同的有效性，只是房屋被抵押不能办理房产证，加上经济原因，他们暂且不采取措施，先看看D银行后面怎么做。而赵六认为，不能这样不明不白，需拿起法律武器维护自身的合法权益。于是，赵六单独聘请法律专业人员，采取了如下措施。

### （一）起诉高张

2014年10月，赵六对高张提起诉讼，其诉讼请求有三点：一是要求高张履行2009年11月底与赵六签订的《认购协议》约定，为其办理所购M惠花园商品房的产权证。二是高张补偿赵六所购房子延期办理产权证的损失×万元。三是本案的诉讼费由高张负担。

法院受理了赵六对高张的诉讼案，经法庭调查，法院审理后认为：由于高张不具备房地产销售资质，且最后是赵六与M惠公司签订《商品房买卖合同》，而不是高张。高张从M惠公司以工程款抵债形式抵了M惠花园8套房，再与赵六签订《认购协议》，所以该协议是中介合同性质，《认购协议》所约定的法定义务，高张已履行完毕。据此，2016年3月一审法院作出判决，确认2009年12月赵六同M惠公司草签的《商品房买卖合同》合法有效，目前，赵六所购房屋已被抵押给D银行，根据《担保法》第三十三条规定，不能将产权证办理至赵六名下。驳回赵六的其他诉讼请求。

赵六对一审法院的判决不服，向上级法院提起上诉。上级法院受理赵六的上诉请求，组织合议庭进行审理。2017年9月，二审法院经审理认为，一审法院审理查明的事实清楚，适用法律准确。驳回赵六的上诉请求，维持原判决。

## （二）起诉M惠公司

在起诉高张的过程中，法院判决“赵六同M惠公司草签的《商品房买卖合同》合法有效”。因此，2017年11月，赵六对M惠公司提起诉讼，其诉讼请求有三点：一是请求依法确认2009年12月赵六与M惠公司草签《商品房买卖合同》所购买的M惠花园商品房为赵六所有，并由M惠公司履行合同条款，将产权证办妥至赵六名下。二是M惠公司补偿赵六所购M惠花园商品房延期办理产权证的损失×万元。三是本案的诉讼费由M惠公司负担。

法院受理了赵六对M惠公司提起的诉讼案，经法庭调查，法院审理后认为：2009年12月赵六与M惠公司在自愿、平等条件下签订（草签）《商品房买卖合同》，赵六已付清全部房款，房屋已竣工验收并交付给赵六，合同的主要条款已得到履行。但是，赵六所购房屋已被抵押给D银行，根据《担保法》第三十三条规定，抵押权优先，目前不能将产权证办理至赵六名下。据此，2018年11月一审法院作出判决，确认2009年12月赵六同M惠公司草签的《商品房买卖合同》合法有效，鉴于赵六所购房屋已被抵押给D银行，根据《担保法》第三十三条规定，目前不能将产权证办理至赵六名下，驳回赵六的其他诉讼请求。

赵六对一审法院的判决不服，向上级法院提起上诉。上级法院受理赵六的上诉请求，组织合议庭进行审理。2020年3月，二审法院经审理认为，一审法院审理查明的事实清楚，适用法律准确。驳回赵六的上诉请求，维持原判决。

至此，从2009年12月分别同M惠公司草签《商品房买卖合同》、付清价款算起，赵六等8人已购买M惠花园8套房10年，其中被动应诉及赵六主动提起诉讼经历8年，仍无法办妥产权证。这弄得赵六心灰意冷，常常唉声叹气问自己：这是为什么？为什么？其实他不懂，这就是无形的法律在陪伴着他，他没有弄懂法律的规定与内涵。

## 四、开发商破产，难题迎转机

2020年5月，某债权人以M惠公司不能清偿到期债务为由，向法院提起M惠公司破产申请。法院审理后，于2020年6月20日裁定受理M惠公司的破产申请，并指定正大所为管理人。据此，赵六等8人又增加了对所购8套房是否能够办理房产证的困惑与担忧。

### （一）申报债权，主张权益

在债权申报期间，赵六以2018年11月一审法院作出的生效法律文书为依据，其他7人则以合同为依据，向管理人申报债权与主张权益：一是按2009年12月赵六等8人分别与M惠公司签订（草签）的《商品房买卖合同》的规定，办妥房产证。二是主张应获得延期办理房产证（至2020年5月20日）的违约金×万元。

正大所在审核他们申报的债权时，对赵六等8人申报的延期办理房产证的违约金，经审核予以确认，而办理房产证事宜不是能用具体数额计量的权益，它只是一种权益要求，手续齐全的情况下，管理人可协助办理。但经查询，赵六等8人主张权益对应的8套房，在不动产登记部门仍登记在M惠公司名下（被抵押状态）。据此，正大所组建工作小组，召开了4次工作会议进行专题研究，对赵六等8人主张的权益进行全面审核，并特请赵六等8人前来说明情况。根据赵六等8人的陈述情况，经审核，管理人对他们申报的债权、主张的权益分别作出《债权审核通知函》（以下简称《审核函》）。《审核函》的要点：一是确认2009年12月他们与M惠公司签订（草签）的《商品房买卖合同》合法有效，确认延期办理房产证（至2020年5月20日）的违约金×万元为普通债权。二是不将他们所购买的8套房列入破产财产，即意味着管理人不会将8套房列入M惠公司的财产进行处理。三是对于他们主张办理产权证问题，待管理人与D银行进一步沟通后再给予回复。

赵六等8人收到管理人的书面回复，又惊又喜。惊的是，他们向M惠公司买的8套房究竟能不能办理房产证，《审核函》中没有明确的意见；喜的是，管理人如此快速地书面回复了他们的申报请求，并说明会同D银行进一步沟通后再给予他们回复。这又燃起他们心中解决8套房产权证问题的希望。

## （二）抵押解除，办房产证

经管理人进一步查实，经2017年的生效法律文书确认D银行对M惠公司拥有的债权，2018年7月D银行将该债权转让给丁公司。丁公司于2018年12月从M惠公司的关联企业M新公司中执行到财产，即D银行及丁公司对M惠公司名下8套房不再享有优先受偿权，并应当解除对8套房的抵押，只是D银行及丁公司没有及时解除对8套房的抵押。同时，M新公司向管理人申报了代M惠公司清偿D银行债权的债权。

据此，管理人及时联系D银行，D银行解除了对8套房的抵押。2020年10月，当我们通知赵六等8人前来办理所购商品房的产权证手续时，他们真有点欣喜若狂。按他们的说法，谁会想到，2009年12月买的房子，十年来不能办理房产证，这件事就像一块石头一样压在他们心上，虽然人已住在房里，但想到最终仍不是自己的房子，心里就来气，非常压抑。特别是赵六，经历了几次诉讼，花费十多万元的费用，仍无结果。而今，在M惠公司破产、他们几乎绝望的情况下，没想到在正大所迎来了“柳暗花明又一村”，真是喜从天降，他们能不高兴吗？

## 五、启示与教训

对本案例，我们从“法律无形，终身相伴”以及“恪守法律，成功前提；违犯法律，自毁人生”的角度，可得到的启示与汲取的教训有如下几点。

### （一）法律盲点，正在完善

本案十年难办房产证的关键原因是M惠公司将在建的房屋抵押给D银行，在商品房预售政策下，又允许房子对外销售，当开发商没有归还银行贷款，银行不解除抵押时，已销售房屋的产权证就不能办理到购房者名下，这可以说是商品房预售政策法律上的一个盲点。这个盲点，造成很多开发商开发的楼盘在资金链断裂时形成烂尾楼，让众多购房者所购买的房屋无法办理产权证，甚至出现有的开发商“一房多卖”的现象，由此产生诸多商品房销售纠纷。可喜的是，此法律的盲点已引起国家的高度重视，自2023年4月20日起施行的《最高人民法院关于商品房消费者权利保护问题的批复》（法释〔2023〕1号）规定，当某宗不动产（房屋）同时存在如下四种优先权情况时，其行使优先权的顺序：购房者权益，（工人）工程款，抵押权，税收债权。据此，按法释〔2023〕1号的规定，本案“购买的商品房，十年办不到房产证”的问题就可以迎刃而解了。

### （二）休戚相关，荣辱与共

每位公民都是社会的一分子，也是利益共同体的一员，法律是国家规矩，是全体公民的行为准绳。在国家规矩和行为准绳面前，全体公民是休戚相关、荣辱与共、不可分割的整体。在这个命运共同体中，只要有一人不遵守纪律，势必给其他遵守法律的公民带来一定损失。本案中，M惠公司未遵守规则，不按期归还D银行的借款，D银行则不解除对8套房的抵押，从而造成赵六等8人十年办不到房产证的损失。所以，我们大力提倡公民在日常工作和生活中，时时处处遵守法律规矩，这具有十分重要的意义。据此，对广大民众来说，遵守规矩、恪守法律，做任何事情都力求不做不守规矩的人，不给他人带来痛苦与损失，就是行善积德。只有构建人人守法、遵法的良好法治环境，社会才能更和谐，人们的生活才能更美好。

## （三）百密一疏，造成损失

笔者在同赵六等8人的沟通过程中发现，他们在整个买房过程中，还是非常小心谨慎的。他们到现场看房，和高张再三确认，签了合同并付清价款，即可办理交房手续。据此，赵六等8人才下决心购买这8套房，前期“签合同→支付房款→办理收房手续→对房屋进行装修→迁入新房居住”，所有手续都很顺利。可是，他们疏忽了一点——M惠公司资金链已断裂，不能解除对8套房的抵押，就造成了他们所购的8套房十年办不了房产证的后果。所以，对每一位公民而言，在法律面前，需要谨慎再谨慎，否则，只要有一点疏忽，造成的损失就很难挽回。

## （四）捡了芝麻，丢了西瓜

赵六等8人一次性付清全款，从高张手上购得抵工程款的房屋，图的是价格优惠。他们当初应该认真想一想，如果M惠公司资金周转没问题，有必要用房子去抵付高张的工程款吗？据此，现实生活中，你越想占小便宜，法律就越不会让你占到便宜，这就是法律的无情之处，也是方与圆的规律。所以，本案例告诫人们，法律无形，终身相伴，在今后的工作和生活中，当面对比市场价值低的各种优惠诱惑时，需要多留心、多思考、多观察，这些优惠的背后是否有潜在的法律风险，否则，一味地贪小便宜，就容易捡了芝麻，丢了西瓜。

## （五）病急乱投医，如隔靴搔痒

病急乱投医，意思是得了病，为了治好病症，到处乱请医生，其结果往往是没有对症下药，不仅没有治好病症，甚至可能会加重病情，更不利于治疗。通常比喻一件事情到了紧急的时候，到处求人或乱想办法，没有把问题解决好，甚至适得其反，把事情搞得更糟糕。

本案例中，当赵六知道自己买的房子不能办理产权证后，他应对处理D银行的起诉是恰当的，但他为了维护权益分别对高张与M惠公司提起诉讼，就有点病急乱投医了，没有弄清本案的关键要点。结果花费十几万元的诉讼费、代理费不说，还花费了很多时间与精力。所以，当今社会是法治社会，法律是国家规矩、人们的行为准绳，法律无形，终身相伴，不管发生了什么事情，遭遇到什么样的困境，碰到怎样的新情况、新问题，我们都要保持头脑清醒，控制情绪，冷静思考，才可能找到最正确、最好的方法来解决问题。否则病急乱投医，不仅解决不了问题，还可能毫无意义、得不偿失。

# 第六章　欠缴个人所得税，谁担责？

在现实生活中，人们往往会碰到在不经意间违反法律的事情，这些事情让人防不胜防，给人们的工作、生活带来诸多的不便与烦恼。诸如在黄师傅身上发生的“欠缴个人所得税”事件，引发我对如何保护弱势群体、维护弱势群体的合法权利等问题的思考。

## 一、刷墙师傅欠缴个人所得税

2022年5月中旬，做室内装修工程的黄师傅专程找到我说，近期他手机上时不时收到12366[①] 发来的提示信息，显示他欠缴2021年度个人所得税，请他及时在个人所得税App或到税务机关办理汇算清缴。对此，黄师傅感到纳闷，自己怎么会欠缴个人所得税？

当时，我只知道黄师傅是W装饰工程公司（以下简称“W公司”）从事室内装修工程的刷墙师傅，手艺不错。2016年，正大所新办公室就是请W公司装修的，由黄师傅负责刷墙，施工质量确实很好，因此我们逐渐熟悉。

W公司是这样成立的：黄师傅和做木工的谢师傅、做电工（具备特种作业操作证）的汪师傅等，于十多年前初中毕业后，从江西赣州来到广东惠州，跟随父辈学习室内装修。经过几年的刻苦学习，他们的手艺远超父辈，在惠州开创了一片天地。他们组成了一个包括泥水工、电工以及油漆工等的施工团队。这个团队是“松散型”的，即各位师傅承接到工程，大

① 12366是国家税务系统的“纳税服务热线”专用号码。

家通力协作，工程竣工验收并收款后，按各个工序的工程量分配工资收入。由于他们的施工质量过硬，业务不断扩大，在业界已获得了一定的声誉。为了方便承接单位的有关业务，2014年他们成立了W公司。其实，他们团队承接更多的是个人的家装工程，只是偶尔承接一些单位的小工程。因此，W公司自从成立以来，从来没有向税务机关申请过发票，只是聘请了代理记账公司代为申报纳税。在承接单位的工程需要开具发票时，W公司则凭合同到税务机关办理。

当听到黄师傅说12366提示其欠缴个人所得税时，我的第一反应是W公司没有为黄师傅代扣代缴个人所得税。因此，我指导黄师傅用手机下载个人所得税App，实名登录查询其个人所得税申报记录。可是，在个人所得税系统中查询到的黄师傅个人所得税申报记录，完全出乎我的意料。在个人所得税系统中，在2021年1—12月，黄师傅分别从下列三个单位申报取得“工薪所得收入”：一是A公司3—12月每月5000元，小计50000元；二是B公司2—11月每月8000元，小计80000元，B公司每月为黄师傅代扣代缴了个人所得税90元，小计900元；三是C公司5—12月每月8000元，小计64000元，C公司每月为黄师傅代扣代缴了个人所得税90元，小计720元。这样，黄师傅2021年从三家公司共获得个人所得税“工薪所得”应税收入合计为194000元（50000+80000+64000），汇算清缴应缴纳个人所得税10880元，扣减已缴纳的个人所得税900+720=1620元，仍应补缴个人所得税9260元。对此，黄师傅感到十分惊讶，并激动地问我：“为什么会这样？要不要报警？”

## 二、付工程款列支个人“工资”

我让黄师傅冷静下来，好好想一想。我对他说：“这三个公司肯定与你有关系，否则，这三家公司不可能为你在个人所得税系统中申报工薪收入。”经我这么一提示，再进一步查询这三家公司的股东情况，黄师傅说：“是喔，我通过W公司做过这三家公司的工程。”

原来情况是这样的。黄师傅对公司运作不太清楚，没有向W公司出资，也不是W公司的员工，与W公司不存在劳动合同关系，但仍是他们团队成员。W公司承接的业务，仍会请黄师傅来施工。根据这一情况，我们一起找到W公司的法定代表人谢某。经进一步核实，A公司为黄师傅发放2021年3—12月总共50000元工资的实际情况如下：

W公司承接了A公司的厂房装修工程，总价款5万元，2021年1月底已完工。在结算收取这笔工程款时，由于受新冠疫情的影响，去税务部门开发票需要提前预约，手续比较麻烦。所以，经A公司与W公司协商，A公司同意按工程总价款的3%扣减税款后支付现金给W公司，同时，对支付给W公司的这笔工程款，A公司拟以发放施工师傅“工资”的方式在会计账户上出账处理。W公司谢师傅则希望尽快收到工程款，以便在春节前发放施工师傅工资，同时考虑黄师傅不是W公司的股东，也就同意A公司以向黄师傅列支“工资”的名义支付工程款。据此，A公司会计人员在2021年3—12月每月向黄师傅列支“工资”5000元，小计50000元，作为支付给W公司的工程款，并在个人所得税系统中作了申报处理。

经核查，B公司2021年2—11月每月为黄师傅列支的“工资”8000元，C公司2021年5—12月每月为黄师傅列支的“工资”8000元，均类似A公司的情况。至此，黄师傅应补缴2021年度9260元个人所得税的原因已十分清楚了。

## 三、谁过错，谁负责

在弄清黄师傅为何在2021年度欠缴9000多元个人所得税的实际情况后，怎样来解决这个问题呢？黄师傅要我帮助他，他做A、B、C三家公司的工程，总共只收到1万多元工资（扣除材料成本），如果需要他补缴这9000多元的个人所得税，他就报警。为此，我们先从法律的角度，对黄师傅欠缴9000多元个人所得税的原因、后果及责任，向黄师傅进行全面的分析与解释：

一是黄师傅不应该承担在个人所得税系统中显示其欠缴个人所得税的责任。因为黄师傅根本没有取得这些所谓的“工薪所得”，按照“实质重于形式”的原则，黄师傅应属于无过错的一方。但其在个人所得税系统中显示的欠税必须按时缴清，否则不仅要加收滞纳金，而且对其个人信用会产生重大影响。

二是W公司有过错，但没有偷税漏税的动机与目的。W公司与黄师傅没有劳动合同关系，只有劳务关系。W公司请黄师傅协助完成A、B、C公司工程的劳动报酬，黄师傅和W公司均确认已付清了。同时W公司在向A、B、C公司收取工程款时，已将该工程款应缴的税款留给了A、B、C公司。也就是说，如果A、B、C公司需要取得正式发票、将已付的工程款列入其成本费用，则需要他们自己去税务部门开具发票报账。否则，A、B、C公司支付给W公司的工程款，就不可以被列入其成本费用。

三是A、B、C以及W公司，均没有明显采取非正常措施或手段以达到少缴或不缴税目的的“偷税”违法行为，也没有造成国家税收流失的后果。如果这194000元的装修工程款由W公司或A、B、C公司分别去税务机关开具发票，根据《关于延续实施应对疫情部分税费优惠政策的公告》（财政部、税务总局公告〔2021〕7号）精神，只需要按1%的征收率征收增值税194000×1%=1940元，而B、C公司已实际代扣代缴了个人所得税1620元，误差为320元。另外，现以工资形式缴纳个人所得税10880元，实际税负10880÷194000=5.61%，远远高于1%的增值税税率。因此，A、B、C以及W公司只是对税收法律法规不熟悉，给黄师傅造成欠缴个人所得税的“违法事实”。按照我国法律的立法原则与精神，我认为，只要A、B、C公司协助黄师傅按时缴清个人所得税系统显示的欠税，给予他们批评教育，让他们充分认识错误即可。

四是造成黄师傅欠缴9000多元个人所得税的主要责任是A、B、C三家公司，这是他们以黄师傅名义列支“工资”的错误造成的后果。因此，我认为他们三家公司应共同承担过错责任，按他们三家公司为黄师傅在个人所得税系统中申报的“工资”总额比例，分摊黄师傅因此产生的应缴个人所得税。在个人所得税系统中黄师傅2021年度应缴个人所得税10880元，A、B、C三家公司为黄师傅申报的“工资”收入合计194000元，则：

A公司为黄师傅申报的“工资”收入50000元，应承担的个人所得税为

50000 ÷ 194000 × 10880=2804.12元。

B公司为黄师傅申报的“工资”收入80000元，应承担的个人所得税为80000 ÷ 194000 × 10880=4486.60元，扣减已代扣代缴的900元，应补缴3586.60元。

C公司为黄师傅申报的“工资”收入64000元，应承担的个人所得税为64000 ÷ 194000 × 10880=3589.28元，扣减已代扣代缴的720元，应补缴2869.28元。

## 四、缴清个人所得税，处理好欠缴问题

在弄明白“谁的过错”后，我告诉黄师傅，请他相信我，我一定帮他处理好这件事情，也不收他任何服务费。据此，黄师傅把在个人所得税系统中欠缴的个人所得税清单截图发给我，我把它打印出来。而后，我分别找到A、B、C三家公司的负责人，说明情况，指出他们的过错，要求他们分别承担黄师傅“欠缴”的个人所得税税款。

刚开始，A、B、C三家公司的负责人反应比较强烈，认为自己没过错。我对他们说，如果你们认为自己没有过错，那你们公司能证明在个人所得税系统中为黄师傅申报的“工资”款项实际付给了黄师傅本人吗？你们有什么证据？根据《劳动法》和《中华人民共和国劳动合同法》（以下简称《劳动合同法》），就凭你们公司在个人所得税系统中为黄师傅申报“工资”与个人所得税，而黄师傅本人实际没有收到，黄师傅就可以申请劳动仲裁。按劳动仲裁的规定，你们用人单位需要提供证据证明你们向黄师傅实际支付了应发给他的“工资”，而事实上你们根本无法证明，那仲裁机构就有理由支持黄师傅向你们追收他应得的那笔“工资”。经我这样一说，A、B、C三家公司也认识到自身的过错，均表示愿意为黄师傅承担应补缴的个人所得税，并请求黄师傅出具书面确认书，以及A、B、C三家公司不欠付其任何工资与薪资报酬的声明书。

在黄师傅向A、B、C三家公司出具声明的同时，黄师傅收到A、B、C公司转来的补缴税款。而后，我协助黄师傅在个人所得税系统中顺利完成

2021年度的个人所得税汇算清缴，缴清个人所得税。至此，一宗欠交个人所得税的纠纷得到圆满解决。

## 五、坏人才会怕法律，好人怕法律做什么

2022年5月底，黄师傅和W公司的谢师傅带着礼物来到我的办公室，说是专程来感谢我帮助黄师傅圆满解决了其欠缴2021年度个人所得税一事。在交谈中，我问黄师傅，为什么当时向我再三提起要报警。黄师傅回答："坏人才会怕法律，好人怕法律做什么！"对此，我对"法律无形，终身相伴"又有了新的认识。

黄师傅说，我对他欠缴2021年度9000多元个人所得税作出了"谁过错，谁负责"的分析，答应帮他"摆平"这件事时，黄师傅是半信半疑的。所以，之后他还找过两位法律专业人士咨询。一位法律专业人士鼓励黄师傅先把欠税缴清，而后请黄师傅委托他向A、B、C公司提起劳动仲裁申请，他要按从A、B、C公司追回"工资"收入的30%收取分成。另一位法律专业人士也是这个意思，他要求的分成比例降到25%。只有我向黄师傅承诺的是不收任何服务费用，也只有我是不主张向A、B、C公司追收所谓19.4万元"工资"的。最后，黄师傅相信了我，他认为我说的话更靠谱。是的，我将代A、B、C公司拟好的不欠付黄师傅任何工资与薪资报酬声明书交给黄师傅签名时，我对黄师傅说："按法律，你可以向A、B、C公司提起追收19.4万元'工资'的诉讼或劳动仲裁，但由于你没有真正在A、B、C公司任职的事实，你提起诉讼或劳动仲裁与事实不符，提起诉讼或劳动仲裁能否得到法律的支持也不确定。我个人的意见是没有事实的东西，我们不要去强求。"所以，我建议黄师傅签了这个声明书，A、B、C公司的老板把黄师傅欠缴的个人所得税税款转过来，黄师傅缴清税款，此事就完结了。

另外，黄师傅对我解释，他相信国有国法，家有家规，他最清楚自己不可能欠缴个人所得税，他有"坏人才会怕法律，好人怕法律做什么"的观念，所以，当初他想到解决问题的唯一办法是报警。我们尚不清楚黄师

傅所说“好人”“坏人”的具体标准与内涵是什么，从黄师傅再三提到报警一事看，我们可以理解，黄师傅所说的“坏人”，是无故造成他欠缴9000多元个人所得税的人，也是指有违法行为之人，“好人”是指像他这样遵纪守法的人。所以，在黄师傅的观念中，违法的人一定担心受到法律的惩罚，没有违法行为的人，为什么会担心受到法律的惩罚？所以，“坏人才会怕法律，好人怕法律做什么”，这是民众心目中对无形的法律通俗、朴实而深刻的认识。

在黄师傅他们离开我办公室之前，我再三劝说他们，他们带来的礼物，我是一定不会收的，如果我收了，在我心中我就会成为“坏人才会怕法律”的那个坏人，如果他们不带走，我就把这礼物寄还给他们。在我如此坚决的态度下，他们愉快地把带来的礼物带了回去。望着他们高兴地远去的身影，我想，他们的高兴，是对黄师傅欠缴9000多元个人所得税一事得到顺利解决而没花费一分钱的高兴，而我的高兴，更多的是对他们有着“坏人才会怕法律，好人怕法律做什么”这一通俗而深刻认识与理解的高兴，也是对“法律无形，终身相伴”给人们带来幸福生活的高兴。

## 六、教训与启示

从本案例中，我得到如下几点教训与启示。

### （一）对黄师傅而言

一是切忌随便把身份证或身份证复印件交给他人使用。黄师傅在为A、B、C公司进行工程施工时，因办理临时出入证需要，分别向他们提供了身份证复印件。因此，A、B、C公司轻易地利用黄师傅的个人信息，不顾事实，也没有征得黄师傅本人的同意，把黄师傅列为“员工”，并在个人所得税系统中为其申报“工资”而又不代扣代缴其全部个人所得税。如果工作生活中确实须留下身份证复印件，也应在身份证复印件上签署“本复印件仅供办理××事项使用”，并签署姓名、日期。

二是警惕他人的违法行为需要自己担责。黄师傅是一位刷墙师傅，本身没有少缴个人所得税的违规动机，没想到，A、B、C公司的违规行为，造成黄师傅需承担欠缴近万元个人所得税的责任。所以，无形的法律，终身伴随着我们，我们可以确保自己不发生违法的行为，但也要特别注意，会有他人的违法行为需要自己担责的情况发生。

## （二）对A、B、C和W公司而言

一是在法律面前，切不可有试试看的想法。A、B、C公司本身也没有“少缴一点税”的违法动机，只是图个方便，以试试看的心态，明知道黄师傅不是其员工，却把他视为员工，为其列支“工资”申报个人所得税。岂不知，这在法律上造成黄师傅“欠缴大额个人所得税”的事实，差点给黄师傅造成重大损失。如果黄师傅真正认真起来，向A、B、C公司追收他已缴个人所得税的工资，A、B、C公司还真有不少的麻烦。

二是无意的违法，同样需要承担责任。对A、B、C公司而言，他们造成黄师傅欠缴个人所得税的违法行为是无意的，没有获得经济利益的动机，但只要有违法事实，不论是否有意，均需要承担法律责任。

三是法律无形，终身相伴。不仅仅是对自然人而言，对广大的企业、社会组织等法人单位，法律同样时时处处伴随着。对法人单位的违法行为，单位负责人（实际控制人）同样需要承担法律责任。

## （三）对专业法律人而言

在本案例中，我纯粹是个案外人，按法理讲，黄师傅欠缴个人所得税与我没有什么关系。但当我知道事情真相后，我为何毫不犹豫地全身心投入，帮助黄师傅妥善处理此事呢？当时我考虑的主要是如下三点：

一是想要保护弱势群体、维护弱势群体的合法权利。黄师傅碰到的这件事情，对我们这些专业法律人来讲，是一件小事，但对不怎么懂法律、法律知识较薄弱的黄师傅、谢师傅以及A、B、C和W公司来说，是一个重大的法律问题。

二是我一贯认为，作为一名专业法律人，应当善于用法律来化解社会各种矛盾，而不是制造和激化矛盾。

三是我一贯遵循“不义之财不可取”的行为准则。何为不义之财？非正道之财、使他人痛苦之财、乘人之危不择手段获取之财均为不义之财。对此，我老家江西省会昌县××乡××村村民邓某对一宗不义之财的处理，让我感受深刻。邓某在广东揭阳某私企打工多年，因年纪大不适合继续任职，工厂把他辞退，欠付他7万元工资与补偿金。可是，私企财务人员粗心大意，向邓某个人账户实际汇款70万元。为此，邓某问我他应如何处理这笔钱。我对邓某说：“首先，从法律角度上讲，虽然你个人账户的存款就是你的个人财产，受法律保护，但对方能证明因工作失误多汇了63万元给你，这是不当得利，法律会要求你将63万元退回给对方。其次，汇款方主张因工作失误多汇了钱给你，需有相应的证据证明，或通过法定程序。最后，凭良心而言那是不义之财，你得到那么多不义之财，有资格享受吗？”让我欣慰的是，邓某听了我的劝说，经协商，最终退回了63万元。

邓某是一位年近60岁的农民，一年的收入也只有几万元，在自己年迈体弱、生活保障不定的境况下，对这么一笔63万元的巨额财产，也能如此释怀地放弃，我哪能乘机向黄师傅他们谋取服务费呢？如果我也像个别法律专业人士一样，鼓励黄师傅向A、B、C公司提起劳动仲裁申请，那么我可以从黄师傅向A、B、C公司追回的“工资”收入中取得一定的报酬收入，但以这种形式谋取的财富，真的不是我想要的。所以，基于这样的思维，我这个案外的专业法律人才积极地帮助黄师傅。

现在回想起来，笔者协助黄师傅妥善处理其欠缴9000多元个人所得税一事，可以说是把“方与圆”完美结合的典范。在这个案例中，笔者充分遵守了法律的“方”，但又维护了各方的“圆”，平衡各方利益，让相关利益方心服口服，不留下任何法律“后遗症”。同时，通过这个案例，笔者对法律也有了新的更深刻的感受：法律就像是带刺的玫瑰，懂它的人会觉得法律这朵玫瑰是那样美丽而鲜艳，如果你不懂它，法律就会刺得你很伤很疼。所以，法律无形，终身相伴，我们每一位公民不仅要认真学习法律，遵守法律，更要善待法律，切不可违背法律，践踏法律的红线。

# 第七章　挂名股东，挂不挂？

笔者在工作中，碰到不少因“挂名股东”而产生的纠纷。由此，引发笔者对挂名股东的法律问题的思考。

## 一、挂名股东及其产生原因

挂名是指空居名位而又不能负起责任者，也就是徒有其名而不负责任的人。在一方与他方约定，同意仅以其名义参加设立公司，实际上并不出资，公司注册资本均由他方投入的情况下，该不出资方即为挂名股东。挂名股东也叫名义股东。作为公司的股东，挂名股东实际上不履行出资的义务，不参与公司的经营管理，或者以名义股东身份参与公司的管理，但是其分到的股息红利也需要转给实际出资人。因此，这种挂名股东的方式，容易使实际出资人和名义股东之间产生纠纷。

挂名股东的产生，一般有如下几个原因：

一是实际出资人出于自身财产方面的考虑。有的实际出资人不愿意公开其经济状况，不愿意将其姓名显示在登记的公司股东名册中，找亲人或朋友作挂名股东。

二是规避法律的禁止性规定。如隐名的实际出资人是不得经商的国家机关工作人员。我国的《公务员法》第五十九条规定“公务员应当遵纪守法，不得有下列行为：……（十六）违反有关规定从事或者参与营利性活动，在企业或者其他营利性组织中兼任职务”。

三是规避一人公司的法律风险。我国现行《公司法》（2018年10月26

日第十三届全国人民代表大会常务委员会第六次会议修正）第六十三条规定：“一人有限责任公司[①]的股东不能证明公司财产独立于股东自己的财产的，应当对公司债务承担连带责任。” 所以，有的出资人实际出资设立一人公司，是为了规避个人财产对公司债务承担连带责任的风险，弄个挂名股东设立有两个股东的有限公司。

## 二、挂名股东协议的法律效力

对照现行法律法规，以上三种原因形成的挂名股东，其挂名股东协议的法律效力有所不同。

第一种情形，出资人与挂名股东签订协议的，协议具有法律效力，受到法律的保护。根据《最高人民法院关于适用〈中华人民共和国公司法〉若干问题的规定（三）》（法释〔2011〕3号）第二十四条规定“有限责任公司的实际出资人与名义出资人订立合同，约定由实际出资人出资并享有投资权益，以名义出资人为名义股东，实际出资人与名义股东对该合同效力发生争议的，如无合同法第五十二条规定的情形，人民法院应当认定该合同有效。前款规定的实际出资人与名义股东因投资权益的归属发生争议，实际出资人以其实际履行了出资义务为由向名义股东主张权利的，人民法院应予支持。名义股东以公司股东名册记载、公司登记机关登记为由否认实际出资人权利的，人民法院不予支持。实际出资人未经公司其他股东半数以上同意，请求公司变更股东、签发出资证明书、记载于股东名册、记载于公司章程并办理公司登记机关登记的，人民法院不予支持”，不违反法律法规的名义股东，法律予以保护。

第二种“规避法律的禁止性规定”和第三种“规避一人公司的法律风险”挂名股东的协议，根据法释〔2011〕3号第二十四条“如无合同法第五十二条规定的情形” 所指包括“违反法律、行政法规的强制性规定”的合同为无效合同，以及《民法典》第四百九十七条和第一百五十三条“违

① “一人有限责任公司”简称“一人公司”，指只有一个自然人股东或者一个法人股东的有限责任公司。一个自然人只能投资设立一家一人有限责任公司。

反法律、行政法规的强制性规定的民事法律行为无效。但是，该强制性规定不导致该民事法律行为无效的除外。违背公序良俗的民事法律行为无效”的规定，即使实际出资人与挂名股东签订了合同，该合同也无效，即该两种情形挂名股东的协议不受法律保护。

## 三、两宗案例

以下两宗是因股东挂名而导致挂名股东及实际出资人经济损失的案例，值得人们借鉴与思考。

### 案例一

本案例是实际出资人与挂名者只达成口头挂名协议，最终，被挂名者被追究需承担欠缴出资责任。

#### 1.设立公司，股东挂名

2016年5月，王五与周八商量出资设立E公司。周八与孙七是好朋友，鉴于周八已出资设立了几家企业，孙七刚下岗尚未找到新的工作，周八与孙七口头商量，周八在E公司的股东由孙七挂名。于是，王五与周八制定E公司章程规定，E公司注册资本300万元，其中：王五认缴出资180万元占60%，孙七认缴出资120万元占40%。首期出资50万元，在E公司取得营业执照之日起30天内缴存到公司账户，其余的出资自公司取得营业执照之日起3年内缴付。E公司于2016年6月28日取得营业执照，2016年7月初，王五向E公司缴付首期出资款30万元，周八将20万元出资款交给孙七，孙七也缴付首期出资款。

#### 2.公司破产，挂名股东被追究补缴出资

E公司成立开展经营后，除成立之初收到股东的首期出资款外，之后再也没有收到股东缴付的出资款。2018年8月，债权人以E公司不能清偿到期债务为由，向法院提起E公司破产申请。法院审理后，受理E公司破产申

请，并指定正大所为管理人。正大所接管E公司的财产与各项资料后，经审查发现王五与孙七未按E公司章程规定，足额缴付出资款，根据《企业破产法》第三十五条“人民法院受理破产申请后，债务人的出资人尚未完全履行出资义务的，管理人应当要求该出资人缴纳所认缴的出资，而不受出资期限的限制”的规定，向王五与孙七分别追收欠缴的出资款150万元和100万元。对此，孙七极力辩解，说他是挂名股东，不应履行出资义务，但E公司的章程是孙七签名确认的，且孙七也在E公司任职并领取劳动报酬。而周八不认可与孙七有股东挂名的约定。因此，孙七被追究需承担欠缴出资责任。

## 案例二

本案例也是实际出资人请好友作挂名股东，而后，挂名股东的股权资产被法院查封，挂名股东的股权被认定为可执行财产进行拍卖，造成实际出资人重大损失。

### 1.设立公司，请朋友作挂名股东

A、B是好朋友，2006年2月A计划设立K公司，邀请B作挂名股东。拟设立的K公司注册资本1000万元， 公司章程规定：A认缴出资800万元占80%，B认缴出资200万元占20%。2006年3月设立K公司时，A、B共同委托注册会计师对其出资进行验证，会计师事务所出具《验资报告》验证，K公司的实收资本1000万元，A、B分别缴足各自认缴的出资。实际上，B没有向K公司出资一分钱，在公司登记机关登记B、向K公司出资200万元、拥有K公司20%的股权，是A用自己的资金以B的名义缴存到K公司的银行存款账户，请注册会计师验证的。

### 2.意识到股东挂名不妥，采取补救措施

K公司经营的是土石方工程，公司成立后，生意兴隆。之后，A也逐渐意识到请B作挂名股东不妥，经与B协商，他们采取了如下补救措施：

2006年9月16日A与B签订《补充协议》。该《补充协议》确认：在公

司登记机关登记B 向K公司出资200万元、拥有K公司20%的股权，实际B未出资，实际出资人是A。在公司登记机关登记B拥有K公司20%的股权，实际上是代A持有，并再次确认B不参与K公司的经营管理，不参与公司利润分配。同时，B与K公司签订《退股协议书》。在《退股协议书》中确认：自协议签订之日起，B不再是K公司的股东。在公司登记机关登记B拥有K公司20%的股权，实际上是代A持有，B不参与公司利润分配等。

以上《补充协议》《退股协议书》，经提请公证机关公证后，公证机关向A、B出具《公证书》：2006年9月16日，A、B在公证人员面前签署了以上《补充协议》《退股协议书》。《补充协议》《退股协议书》是A、B自愿签署的，是真实意愿表示。

## 3.股权资产，法院查封

2009年10月，K公司收到法院的裁定书：查封B拥有K公司20%的股权资产三年，在查封期间，B拥有K公司20%的股权资产且不得转让，K公司不得向B支付分配利润款。

原来，B在其他案件中被列为被执行人，申请执行人D查询到B拥有K公司20%的股权资产，且K公司的经营情况良好，所以，提请法院查封了B拥有的K公司20%股权资产。

## 4.法院审理，确认股权资产

对B拥有的K公司20%股权被法院查封，A自然提出异议，认为B拥有的K公司20%股权是代A持有，实际是属于A的财产。因此，A把B和K公司列为被告，向法院提起诉讼。诉讼请求包括请求法院判决B拥有的K公司20%股权资产属于A的财产，解除对B拥有K公司20%股权资产的查封。法院受理后，公开审理了此案，为K公司股东A、B出具《验资报告》的注册会计师与会计师事务所，以证人身份出庭作证。综合法院审理A对B拥有K 公司20%股权纠纷的关键点及法院审理的观点如下。

（1）B拥有K公司20%股权资产的真实性问题。

K公司的章程规定，B共向K公司出资200万元、拥有K公司20%的股权，且该出资已经由会计师事务所出具的《验资报告》加以验证，在《验资报告》中，明确显示B已将出资款200万元缴存到K公司的临时存款账户，付款用途注明是“付投资款”。A对B向K公司缴付投资款提出异议，称那批款是A代B缴存的。即使事实上是A代B缴付投资款，也只能说明A与B之间形成一种债权债务关系，并不影响B向K公司缴付出资的事实。

根据当时的《公司法》第三十三条（即2005年10月27日第十届全国人民代表大会常务委员会第十八次会议修正的《公司法》，以下简称“2005年版《公司法》”）“公司应当将股东的姓名或者名称及其出资额向公司登记机关登记；登记事项发生变更的，应当办理变更登记。未经登记或者变更登记的，不得对抗第三人”的规定，公司股东情况属于法律要求登记的事项，股权登记具有公示效力，与公司或登记股东进行交易的第三人对股权登记信息产生信赖，登记股东的债权人有理由相信该登记股权利益属于登记股东的责任财产。在公司登记机关查询到的是，自2006年2月起，K公司一直登记着B向K公司出资200万元、拥有K公司20%的股权。所以，B的债权人更有理由相信B拥有K公司20%股权的真实性。

（2）关于2006年9月16日A与B签订《补充协议》问题。

《补充协议》确认“在公司登记机关登记B向K公司出资200万元、拥有K公司20%的股权，实际B未出资，实际出资人是A”。此项约定与法律不符，应该无效。根据2005年版《公司法》第二十九条“股东缴纳出资后，必须经依法设立的验资机构验资并出具证明”的规定，B向K公司出资200万元、拥有K公司20%的股权，已经由会计师事务所出具的《验资报告》加以验证，符合法律的规定，而《补充协议》无权否定已实施的法律规定。

《补充协议》确认“在公司登记机关登记B拥有K公司20%的股权，实际上是代A持有”。如果是B将拥有的K公司20%股权转让给A，则K公司变更为一人公司，K公司的性质将改变。同时，需要提供A向B支付股权转让的对价款证明，事实上A并未向B支付任何股权转让的对价款，所以，B拥有的K公司20%股权是代A持有的理由，法律依据不足。

《补充协议》确认“B不参与K公司的经营管理，不参与公司利润分配”。这个约定条款与2005年版《公司法》第四条“公司股东依法享有资产收益、参与重大决策和选择管理者等权利”的规定相抵触，所以，这个约定也无效。

（3）关于2006年9月16日B与K公司签订《退股协议书》问题。

B与K公司签订《退股协议书》，事实上，B并未从K公司退回出资款。如果B真正从K公司退回出资款，应视B从K公司抽逃出资。根据2005年版《公司法》第二百零一条的规定，应追究B抽逃出资的违法责任。

另外，公证部门虽然“公证”以上《补充协议》《退股协议书》，但仅证明A、B在自愿条件下签署了上述协议，即上述协议是双方真实意愿表示，而不是证明协议本身“合法”。

综合以上，法院审理认为：B拥有K公司20%的股权资产。由于K公司具有土石方施工许可证和环境保护许可证等资质，K公司的这些无形资产具备较高的价值，所以B拥有的K公司20%的股权资产经评估价值超过500万元。这些股权资产经公开挂牌拍卖，以350万元成交。

## 四、完善法律，禁止股东挂名

我们从“方与圆——法律的终身相伴”角度看股东挂名产生原因和以上案例，股东挂名明显已触及了“方”的边线，即法律的底线部位。因此，笔者认为，我国《公司法》相关法律中，应该明确规定“公司股东，禁止挂名”。

### （一）股东挂名，没有必要

通过以上案例，我们可以得出“股东挂名，没有必要”的结论。案例一的孙七，作为一个挂名股东，最后被追究欠缴出资款100万元。案例二中，实际出资人A于2006年2月出资设立K公司时，其不属于法律禁止不能投资设立企业者，其目的也不是要规避一人公司的法律风险。当时，听朋友说设立公司需要2个以上的股东，因此，A的出发点纯粹是请好朋友B来作挂名股东。谁知道，这股东一挂名，最后等于A送了几百万元资产给B，且B还没有真正得到该笔资产，这就是股东挂名造成的法律后果。虽然法释〔2011〕3号明确出资人与挂名股东签订协议的，具有法律效力，受到法律的保护，但产生挂名股东后，要证明挂名股东与所挂名的公司财产没有关系，还需要经过一个复杂的过程。如案例二中，最终挂名股东成了真股东，股权资产被拍卖。所以，在今后的实务中，建议实际出资人不要请他人来作挂名股东，人们也不要去做公司的挂名股东。

## （二）股东挂名，法律依据

目前，笔者查询到只有在法释〔2011〕3号的司法解释中，提及允许股东挂名的协议有效，除此之外，尚无法律对股东挂名有着明确的规定。但根据《公司法》第二十七条第一款“股东可以用货币出资，也可以用实物、知识产权、土地使用权等可以用货币估价并可以依法转让的非货币财产作价出资；但是，法律、行政法规规定不得作为出资的财产除外”和第二十八条第一款“股东应当按期足额缴纳公司章程中规定的各自所认缴的出资额。股东以货币出资的，应当将货币出资足额存入有限责任公司在银行开设的账户；以非货币财产出资的，应当依法办理其财产权的转移手续”的相关规定，我们可以清楚地知道，其实法律是明确要求公司的股东是实名认缴出资、实名登记的。据此，仅以法释〔2011〕3号的司法解释来实施股东挂名，其法律依据不充分。

## （三）资产属性，股东挂名

什么是资产？法律意义上所说的资产是资本和财产的统称，包括各种收入、债权和其他财产。资本是指经济活动中所有用来生产商品与提供服务的资源，通俗说是本钱。财产是指拥有的金钱、物资、房屋、土地等物质财富，以及受到法律保护权利的总称。会计学所讲的资产，是指由企业过去的交易或事项形成的、由企业拥有或者控制的、预期会给企业带来经济利益的资源，资产按照流动性可以划分为流动资产、长期投资、固定资产、无形资产和其他资产。从以上对资产的定义中可看出，无论是法律上还是会计学上，资产是自己拥有的经济资源。而将自己拥有的资产向企业实际出资后，才有资格成为企业的股东，股东拥有的股权资产，是一种权益资产。

资产的法律属性是指在法律规定的范围内，资产所有人对属于他的资产享有占有、使用、收益和处分的权利，具体如下：资产所有人对资产拥有独占支配权，即一项资产归某所有人所有（或共同所有），则不允许其他任何人妨碍或侵害；资产所有人对资产拥有完全的支配权。而股东挂名与资产的属性相违背，自然产生实际出资人与挂名股东之间的利益冲突，人为地产生诸多矛盾，不利于企业的长期发展。因此，从资产的法律属性角度看，不应支持挂名股东的存在。

## （四）代管财产，代管股权

根据《公司法》第二十九条 “股东认足公司章程规定的出资后，由全体股东指定的代表或者共同委托的代理人向公司登记机关报送公司登记申请书、公司章程等文件，申请设立登记”的规定，以及《民法典》第一百六十一条第二款“依照法律规定、当事人约定或者民事法律行为的性质，应当由本人亲自实施的民事法律行为，不得代理”的规定，如果挂名股东再指定代表或委托代理人去申请设立公司，则有违反《公司法》第二十九条的嫌疑。

另外，《民法典》第四十二条第一款规定“失踪人的财产由其配偶、成年子女、父母或者其他愿意担任财产代管人的人代管”，这是对失踪人的财产由谁代管作出的规定。实际出资人不是不能依法行使股东权利，但其股权财产不是法律规定的需要代管的财产。所以，现行法律上规定的代管财产，笔者认为不应包括股权资产。

## （五）股东挂名，诚信社会

习近平总书记在党的二十大报告中指出 “社会主义核心价值观是凝聚人心、汇聚民力的强大力量”，而诚信是社会主义核心价值观的重要内容之一。诚实守信是个人立身的根本，是企业发展的生命线，现代市场经济的基石，是政府取信于民的基础。“人无信不立”，诚信对个人而言，是财富。人与人之间的交往，通过诚信待人赢得信任，进而赢得尊重，从而实现合作共赢。诚信对社会而言，是生产力。市场经济的本质是信用经济，市场主体守信履约且相互信任，形成良好的信用链条，从而使得错综复杂的市场交换关系得到有效维持，市场秩序有条不紊。而允许股东挂名，自然意味着允许隐性股东存在；存在股东挂名，必然导致隐性股东存在。而这个隐性股东，自然与诚信的要求格格不入。所以，股东挂名与构建诚信社会、树立社会主义核心价值观的要求不符。

## （六）企业发展，营商环境

在公司的经营过程中，股东需要根据市场的变化情况，决定公司的经营方针和投资计划，选举董事、决定董事的报酬，审议批准董事会的报告、年度财务预算与决算等具体事务。而挂名股东，没有向企业实际出资，对企业的经营好坏既无压力，也无动力。在这种情况下，需要对涉及企业发展的复杂的具体事务作出准确、正确的决定，挂名股东自然难以履行应尽的义务和承担相应的责任。另外，挂名股东的存在，为某些有着特殊权力或影响力的人成为实际出资人（股东）创造了条件。当有特殊权力或影响力的实际出资人（股东）介入个别企业时，市场公平、公正、公开的竞争环境就会面临严重的挑战甚至受到极大的损害。所以，从企业发展的角度看，挂名股东的存在，不利于企业的长期发展，不利于良好营商环境的建设。

## （七）防止腐败，依法治国

从司法实践看，股东挂名大多数带有一些其他目的，特别是法律禁止参与经商办企业者，通过挂名股东方式来规避法律的制约，以达到实际经商办企业、获得非法利益的目的。既然《公务员法》及党的规章制度中，禁止一些人参与经商办企业，为何又要在相关的司法解释和实践中，允许“股东挂名”的事实存在？这岂不是与《公务员法》的规定相互矛盾，为被禁止者开了一道可以经商办企业的“后门”吗？当今社会，人们乘飞机坐火车，买汽车购房子，购买人身保险或投资证券股票，在银行存款或从银行贷款，哪个用的不是真姓实名？按《公司法》相关法律登记的公司

“股东”，还有什么理由允许其挂名？因此，允许股东挂名，看似是一个小问题，其实给防止腐败造成漏洞，给依法治国拖后腿。所以，完善法律，禁止股东挂名，对防止腐败、深入推进依法治国均有重大意义。

## 五、几点启示

通过以上两宗股东挂名案例，除前述“完善法律，禁止股东挂名”的结论外，我们还可以得到以下几点启示。

### （一）违法挂名，坚决不做

如果实际出资者是为了“规避法律的禁止性规定”或“规避对一人公司的法律风险”，请他人代自己为挂名股东，对这种挂名股东法律法规是禁止的，即这种挂名股东的权益不受法律保护。所以，无论是实际出资人或挂名者均不要做挂名股东。对实际出资人而言，往往是“为他人作嫁衣”；对挂名者而言，弄不好就像案例一那样，需要承担真正股东的法律责任，往往得不偿失。

### （二）依法处理，彻底退出

如果实际出资人存在请人作挂名股东的情况，唯一正确的处理办法是让挂名者依法、彻底退出。从案例二中，我们可以看出：A认识到请B作挂名股东存在法律风险后，采取了一系列的补救措施，希望把B作挂名股东这件事处理好。但是，没有将B持有K公司20%的股权在公司登记机关的登记彻底消除，在公司登记机关的登记中，始终显示B是K公司的股东。这样，A对B作挂名股东的处理，就如隔靴搔痒，处理结果不尽如人意也就不足为怪了。

### （三）对症下药，药到病除

在日常工作生活中，人们难免会在无意中触及法律底线或产生违法事实，此时最好的办法是及时纠正，消除违法隐患。如案例二中，A认识到请B作挂名股东存在法律风险后，请有关法律专业人士研究，并采取了相应措施，即A与B签订《补充协议》以及B与K公司签订《退股协议书》，并将以上《补充协议》《退股协议书》提请公证部门进行“公证”。他们认为，这样处理可以回避B是挂名股东带来的风险。最后的事实证明，这种处理是不专业的，这就好比人生病了，需要对症下药，才能药到病除。聘请法律专业人士虽然诊断出了病因，可是开出的治病药不对，也就没有把病治愈而留下了后遗症。所以，看似简单的挂名股东一事，实则涉及复杂的法律关系。如果已存在挂名股东事实，如何处理这个问题呢？还是要请专业人士，对症下药，才能药到病除。

# 第八章 未出资的股权已转让，还担责吗？

笔者在工作中，也碰到过比较多因“未出资的股权已转让，原股东是否还需承担欠缴出资责任”而产生的纠纷。由此，引发笔者对“法律无形，终身相伴”以及“恪守法律，成功前提；违犯法律，自毁人生”等一些问题的思考。

## 一、未出资的股权

我国的《公司法》，自1993年12月29日第八届全国人大常委会第五次会议通过至今，已进行了四次修正和一次修订，即1999年12月25日、2004年8月28日、2013年12月28日和2018年10月26日全国人大常委会作出修正，2005年10月27日全国人大常委会作出修订。在这几次《公司法》的修正、修订中，2013年12月28日的第三次修正中，有关于公司注册资本与实收资本的规定发生了重大改变，一是公司的实收资本不再登记在企业的营业执照上，二是股东“认缴出资”取代实际出资，即注册资本的“认缴制”取代“实缴制”。这方面具体的法律条文修正如下：

一是将《公司法》第二十六条“有限责任公司的注册资本为在公司登记机关登记的全体股东认缴的出资额。公司全体股东的首次出资额不得低于注册资本的百分之二十，也不得低于法定的注册资本最低限额，其余部分由股东自公司成立之日起两年内缴足；其中，投资公司可以在五年内缴足。有限责任公司注册资本的最低限额为人民币三万元。法律、行政法规对有限责任公司注册资本的最低限额有较高规定的，从其规定”修改为

“有限责任公司的注册资本为在公司登记机关登记的全体股东认缴的出资额。法律、行政法规以及国务院决定对有限责任公司注册资本实缴、注册资本最低限额另有规定的，从其规定”。

二是将《公司法》第二十九条“股东缴纳出资后，必须经依法设立的验资机构验资并出具证明”删除。

因此，2013年12月28日第三次修正的《公司法》，对公司注册资本的要求是在公司注册登记设立时，只要股东承诺会出资即可，不需要实际出资后才能登记公司成立，股东名册中也不记载出资额。这样，就形成未出资人可以在公司登记机关登记为公司股东，以及拥有股权这种现象。

## 二、转让未出资的股权

根据2013年修正的《公司法》第七十一条，涉及股东转让股权的规定如下：

有限责任公司的股东之间可以相互转让其全部或者部分股权。

股东向股东以外的人转让股权，应当经其他股东过半数同意。股东应就其股权转让事项书面通知其他股东征求同意，其他股东自接到书面通知之日起满三十日未答复的，视为同意转让。其他股东半数以上不同意转让的，不同意的股东应当购买该转让的股权；不购买的，视为同意转让。

经股东同意转让的股权，在同等条件下，其他股东有优先购买权。两个以上股东主张行使优先购买权的，协商确定各自的购买比例；协商不成的，按照转让时各自的出资比例行使优先购买权。

公司章程对股权转让另有规定的，从其规定。

所以，即使是股东未出资的股权，也是可以依法转让的。这样，就产生未出资的股权已转让，原股东是否还需承担欠缴出资责任的问题。

## 三、案例

以下是一宗未出资的股权已转让，但原股东被追缴欠付出资的案例。

## （一）公司成立，约定五年内缴足出资

2014年5月18日，张三、李四制订公司章程，签订《出资协议》约定：双方共同出资在某地址设立M公司，M公司注册资本500万元，其中：张三出资300万元占60%股份，李四出资200万元占40%股份。注册资本500万元中，首期20%的出资（100万元）在M公司取得营业执照后的12个月内由双方按比例投入，其余400万元在M公司取得营业执照后的60个月内由双方按比例投入。2014年5月28日，M公司在公司登记机关注册登记成立，张三任公司执行董事、法定代表人（总经理），李四任监事，公司的经营范围是家具销售。

M公司成立后，张三逐步投入首期出资款60万元，用于家具商场的装修、支付供应商定金等开支，但李四未能及时缴付出资。由于经销家具需要占用较大的资金，除张三投入的首期出资款60万元外，对公司的周转资金，M公司采取下列两种方式筹资：一是与家具生产厂家签订《购销合同》，按惯例要求供应商答应期限为6～9个月的延期付款条件；二是向城市银行申请取得了100万元的流动资金贷款。在一批供应商和银行的大力支持下，2014年8月，M公司正式开业经营。

## （二）以对价1元转让股权

2015年8月，李四考虑自身经济状况，书面通知张三，决定将其持有的M公司40%股权转让。经张三、李四审核确认，因前期开办费用较大，M公司经营一年来，实际处于收支平衡状态，即经营一年没有可分配的利润。据此，李四考虑到自己实际未缴付首期出资款，同意以1元价格转让其持有的M公司40%股权，对此，张三放弃优先受让权。经李四引荐，张三、李四协商一致，同意吴九受让李四持有的M公司40%股权。李四与吴九于2015年8月20日签订了《股权转让协议》，李四收到1元转让股权价款并向吴九出具《收讫股权转让价款确认书》后，M公司去公司登记机关办理了股东变更登记手续。而后，吴九向M公司投入出资款40万元。

## （三）M公司提出破产清算

M公司经营至2017年底，发生较严重的亏损。2018年春节后，张三与吴九商量，将M公司提起破产清算。于是，M公司根据A会计师事务所对其2017年度会计报表出具的《审计报告》中所提及的“至2017年12月31日M公司的资产为220万元，负债总额为380万元，净资产为负160万元”的情况，编制财产和债权债务清单等资料，于2018年3月，以“公司已资不抵债、不能清偿到期债务”为由，向法院申请破产清算。法院审查了M公司提交的破产申请资料，认为其申请符合《企业破产法》规定的条件，于2018年4月18日裁定受理M公司的破产清算申请，并依法指定管理人。

## （四）对股东欠缴的出资拟提起诉讼

管理人接受法院的指定后，依法开展M公司破产清算的有关工作，包括接管M公司印章、会计核算资料与财产，委托会计师事务所对M公司资产、负债以及股东实际出资情况进行专项审计，组织债权人申报债权等。

经债权人申报，管理人调查、审核，截至2018年4月18日法院裁定受理M公司破产清算， M公司未欠付职工的工资与社保费用（没有职工债权），也未欠缴税款（没有税收债权）。10户债权人向管理人申报M公司的债权，管理人审核确认普通债权合计为360万元，对该10户债权人的债权，经债权人会议审核无异议。

根据会计师事务所对M公司资产、负债以及股东实际出资情况的审计结论，M公司章程确定公司的注册资本500万元，首期出资100万元由出资人在M公司取得营业执照后的12个月内投入，其余400万元在M公司取得营业执照后的60个月内投入。截至法院受理M公司破产清算，M公司收到股东投入资本100万元，其中：在M公司取得营业执照之日后12个月内，收到张三投入的首期出资款60万元。李四未实际出资，并于2015年8月20日将其持有的M公司40%股份转让给吴九，吴九于2015年9月投入资本金40万元。

针对以上情况，根据《公司法》第二十八条“股东应当按期足额缴纳公司章程中规定的各自所认缴的出资额。股东以货币出资的，应当将货币出资足额存入有限责任公司在银行开设的账户；以非货币财产出资的，应当依法办理其财产权的转移手续。股东不按照前款规定缴纳出资的，除应当向公司足额缴纳外，还应当向已按期足额缴纳出资的股东承担违约责任”以及《企业破产法》第三十五条“人民法院受理破产申请后，债务人的出资人尚未完全履行出资义务的，管理人应当要求该出资人缴纳所认缴的出资，而不受出资期限的限制”的规定，管理人向张三、李四和吴九发出《限期补缴出资款通知书》。在通知书中，明确列明他们应补缴的出资款，如表8-1所示，同时说明，如果不按期补缴，管理人将依法提起追缴出资款之诉。

## （五）法院审理，判决出资人补缴出资款

当接到管理人的《限期补缴出资款通知书》后，M公司的三位出资人（包括曾经的出资人李四）非常惊愕，特别是李四，他自认为早与M公司没有关系了。他们找到管理人，再三向管理人求情“是否可以不补缴”，求情无果便又指责管理人、工作人员。管理人则将上述法律条款同他们耐心、细致解释，“法律的规定管理人无权违反”。尽管管理人细心解释、说明，M公司的三位出资人还是没有在规定时间内补缴出资款。鉴于这种情况，在征得大部分债权人同意的前提下，管理人依法提起诉讼。法院受理了管理人提出追缴三位出资人补缴出资款的诉讼请求，并进行公开审理。在事实清楚、证据充分、法律规定明确的情况下，法院对此案及时作出判决：张三应向M公司补缴出资款240万元，李四应向M公司补缴出资款40万元，吴九应向M公司补缴出资款120万元（表8-1）。M公司的三位出资人收到法律判决文书后，不提起上诉。

表8-1　M公司出资人应补缴的出资款

单位：万元

| 股东姓名 | 认缴出资 | 首期应出资 | 已出资 | 欠缴出资 |
|---|---|---|---|---|
| 张三 | 300 | 60 | 60 | 240 |
| 李四 | 200 | 40 | 0 | 40 |
| 吴九 | （160）① | 0 | 40 | 120 |
| 合计 | 500 | 100 | 100 | 400 |

① 吴九以1元的价格受让李四持有的M公司40股权后，因李四未实际向M公司缴付出资，李四欠缴的出资需由吴九缴付。

### （六）达成债务清偿协议，终结破产程序

由于M公司破产清算案没有职工债权，没有税收债权，只有10户债权人的普通债权360万元。而M公司的库存家具（在申请破产时的进货价220万元）经评估市场价值为280万元，加上出资人应补缴的出资款400万元，这样，M公司的资产价值为680万元，大于负债360万元，即M公司不符合破产条件。

同时，张三、吴九积极推销M公司的库存家具，经与U家具公司协商，U家具公司愿意按成本价220万元购买M公司的库存家具，付款条件是3个月内支付110万元，其余部分在9个月内付清。这样，张三、李四、吴九三位M公司出资人决定对应补缴的400万元出资款，按比例分期补缴，签订协议3个月内补缴50%，即200万元，其余200万元在协议签订后6个月内补缴。

针对这种情况，为了维护债权人、债务人的合法权益，使得M公司的资产价值最大化，管理人积极推动M公司与债权人协商“和解”。管理人向全体债权人解释：M公司陷入困境只是暂时的，因家具的销售受季节性影响较大，同时，这也是M公司的股东没有及时投入资本金造成的后果。经充分协商，债权人一致同意：M公司在三个月内清偿债务，10户债权人的360万元债权同意按85%受偿，即M公司只需支付306万元。2018年9月10日，10位债权人与M公司正式签订《债权受偿协议书》并确认，该协议书约定的债权人受偿条款，由管理人监督执行。因此，根据《企业破产法》第一百零五条“人民法院受理破产申请后，债务人与全体债权人就债权债务的处理自行达成协议的，可以请求人民法院裁定认可，并终结破产程序”的规定，法院裁定终结M公司的破产清算程序。

## 四、股权已转让，还要担责吗？

从以上案例中，我们可以得出如下结论：未出资的股权已转让，除非受让方已缴清原股东认缴的全部出资额，否则，股权转让前属于原股东未缴的出资额，原股东仍需要在其认缴的出资额度内，承担法律

责任。

本案例中，李四对M公司认缴出资200万元，一年后，李四在明知未实际向M公司出资的情况下，以象征性收1元价款的方式，将持有的M公司40%股权全部转让给吴九。李四的这种行为，很清楚地告诉人们，他是想以此方式退出M公司，解除作为M公司股东应承担的法律责任。但事实证明，这种方式行不通，转让股权不能消除未出资的潜在法律风险。所以，即使在破产清算的情况下，有限责任公司的股东（出资人）也唯有足额缴付认缴的出资，或通过清算程序将公司清算注销，才能彻底解除其应承担的法律责任。仅以转让股权方式，不能彻底消除未全额缴付出资的风险。

## 五、几点启示

针对以上案例，我们从“法律无形，终身相伴”的角度分析：股东未按公司章程的约定缴付其认缴的出资，已明显触及了“方”的边线，即法律的底线。所以，按现行法律规定，只要所投资的企业在经营过程中存在负债，即使在破产清算情况下，公司存在未清偿的债务，也会牵连到公司的股东（出资人）。即使未出资的股权已转让，除非受让方已代原股东缴付欠缴的出资，否则原股东仍需依法承担欠缴出资责任。据此，对拟成为公司股东的人来说，可以从中得到以下几点启示。

### （一）承诺出资，负责到底

目前，社会上有一种误解，认为在注册资本认缴制下，设立公司很简单，只要承诺公司成立后缴纳注册资本就行，不需要承担什么责任。其实不是这样的，从以上案例中我们可以清楚地看到，在注册资本认缴制下，虽然公司成立之初没有要求出资人实际缴纳注册资本，但是公司成立后，只要公司开展了经营业务、产生了负债，法律规定公司的股东（出资人）必须对其承诺认缴的出资额承担法律责任。为什么法律有这样的规定？因为，当今社会是履行契约、讲诚信的社会，出资人的出资承诺就是一份契约，是出资人向政府（公司登记机关）、其他出资人（合作伙伴）和社会公众（公司成立后的债权人与其他权益人）作出的可以履行的约定，出资人必须履行自己所作的承诺。否则，法律就要惩罚不履行契约的出资人，这就是法律（国家规矩）的法理与立法宗旨。所以，在注册资本认缴制下，公司的出资人必须对其出资承诺负责。

## （二）注册资本，大小适度

一直以来，在人们的印象中，公司的注册资本越大越好，越大说明公司的实力越强。其实，这也是一种误解。企业注册资本，是指企业在公司登记机关登记的资本总额，也是设立企业的出资人承诺缴纳的出资总额。通俗一点讲，注册资本是人们常说老板给企业的“本钱”或“本金”。在注册资本认缴制下，企业的本钱多少，需要根据企业经营规模的大小而定。在以上案例中，张三、李四，决定成立M公司，开设一家1000平方米的家具商场，确定的注册资本500万元，是适中的。在经营过程中，若资金暂时不够周转，可以向供应商赊账（延期付款），或向金融机构申请贷款。但是，如果这个家具商场公司注册资本为1亿元，显然没必要，甚至公司股东需要承担更大的法律责任。如果这个家具商场公司的注册资本只有100万元，显然注册资本不能确保公司正常运转，也就是本钱不够。

最关键的是，老板承诺给企业多少本钱，必须“真金白银”拿出来、投入企业周转，不能放“空数”。以上案例中，老板们虽然确定本金500万元，但实际只到位100万元，自然造成整个公司无法正常运转，最后走向破产（解散）清算就不足为怪了。所以，必须对承诺给企业本钱却放“空数”的老板给予惩罚，从而维护市场参与者的合法权益。

## （三）逃废债，法律禁止

“逃废债”是指债务人具有清偿债务的能力，但拒不履行清偿债务，或采取非正常手段逃避还债义务的一种违法行为。法律对债务人的逃废债行为，是坚决给予打击、惩罚的。法院审理以上案件后支持管理人向M公司的三位出资人追缴他们未缴付的出资，可以充分地说明这一点。

对M公司股东未缴付的出资，涉及李四与吴九股权转让前后股东的责任划分。在注册资本认缴制下，对没有实际缴付出资的股权转让，《公司法》并未作出禁止性的规定，所以，应当认为李四与吴九转让M公司的股权行为有效。管理人查阅到李四与吴九在2015年8月20日签订的《股权转让协议》中，有这样的表述：M公司注册资本500万元，李四认缴200万元占40%，首期出资40万元李四未缴纳……受让方（吴九）应承担转让方认缴但未缴的出资额。因此，李四明知自己并未缴付承诺的首期出资，在M公司存在对外负债的情况下，还以1元的对价转让其持有的全部股权，李四的股权转让明显存在逃避债务的动机。在受让人吴九也未缴足M公司章程中约定原由李四认缴的出资额的情况下，出让方李四理应对其原认缴的出资期限内的出资额承担责任。如果法律不追究李四股权转让前出资期限内应缴付的出资责任，则会“纵容”这种以股权转让实现逃避债务的行为，那么，就会给整个社会经济秩序带来混乱，这与我国法律的立法宗旨是不符的。

同时，吴九受让李四持有的M公司40%股权时，李四以1元价格转让其股权，吴九应知道李四没有向M公司实际出资，也知道M公司存在负债，这意味着自其与李四签订《股权转让合同书》起，其愿意承担后续原由李四向M公司承诺的出资。所以，必须追缴吴九欠缴的出资，如果法律不追究吴九受让股权后应缴的出资，不仅是“纵容”吴九通过股权转让方式协助李四实现债务逃避，也是让吴九实现债务逃避。如果那样，也会给整个社会经济秩序带来混乱，这与我国法律的立法宗旨是不符的。

同理，张三虽然支付了首期出资款60万元，但承诺在M公司取得营业执照后60个月内再出资240万元，却一直没有履行出资义务，直接导致M公司的资金周转困难。公司股东在没有履行完出资义务的情况下，又将M公司申请破产清算，如果法律不追缴其欠缴的出资，就是“纵容”其通过企业破产而达到逃避债务的目的。所以，才会有《企业破产法》第三十五条“要求该出资人缴纳所认缴的出资，而不受出资期限的限制”的规定。法律规定出资人不得滥用出资期限逃避债务、损害公司及债权人权益，管理人依法追缴M公司的三位出资人欠缴的出资款，才是真正维护法律的公平正义。

# 第九章　审计报告结论错误，怎么办？

笔者曾碰到其他注册会计师的“审计报告结论错误，给工作带来不少麻烦”的案例。由此，引发笔者对注册会计师的错误审计结论处理等问题的思考。

## 一、审计结论，各方争议

在江W公司破产清算一案中，江W公司因采信了其他注册会计师的审计报告结论，从而引发与利益关联方的纷争，让清算工作陷入僵局。

### （一）机构改革，国企划转

江W公司是1988年8月经某市编制委员会批准成立的国有企业，隶属于市HQ委员会（行政机关），注册资本1000万元，经营范围是商品房销售和建筑材料销售。2000年5月根据市党政机关与所办经济实体脱钩工作领导小组办公室的通知精神，江W公司与市HQ委员会脱钩，被移交给市投资公司。2004年3月，市政府又决定将江W公司由市投资公司划转给市国资办下属V资产经营公司管理，并办理工商变更登记手续，即在公司登记机关登记的江W公司股东变更为V资产经营公司。

### （二）僵尸企业，依法破产

2000年5月后，江W公司基本处于停业状态。至2010年10月，江W公司因多年未经年检，被公司登记机关处以“吊销营业执照”处罚。2018年8

月，江W公司员工已全部调离或退休。根据政府国有“僵尸企业”退出市场的有关规定，V资产经营公司组织成立江W公司清算组，对江W公司进行清算。而后，江W公司清算组以“江W公司已解散但未清算完毕，资产不足以清偿债务”为由，向法院提出对江W公司进行破产清算申请。法院审理后于2020年12月作出裁定，受理对江W公司的破产清算，并依法指定正大所担任江W公司的管理人。

## （三）欠缴出资，情况通报

正大所被指定为管理人后，依法开展组织债权人申报债权，接管江W公司的财产与各项资料，调查江W公司的财产等事项。

在债权申报期限内，共有2户债权人向管理人申报债权，管理人经初步审核确认江W公司的2户债权人的债权金额为1450万元。管理人向公司登记机关查阅了江W公司的内档，向开户银行和不动产登记、车辆管理、知识产权和证券等部门查询、核实江W公司的资产情况。经审查，江W公司名下没有土地、房产、车辆或商标等财产，无开立证券账户的记录，也没有欠付职工工资、欠缴税款的情况。

在审查接管的江W公司资料中，我们发现江W公司历年的会计报表由DF会计师事务所（以下简称“DF所”）审计。江W公司各年度会计报表的审计报告中显示，江W公司的账面记载实收资本只有600万元，而在公司登记机关登记的注册资本为1000万元。同时，DF所在2017年11月向江W公司出具的《经济责任审计报告》中明确披露：根据江W公司的章程规定，在公司登记机关登记的注册资本为1000万元，实收资本只有600万元，股东欠缴出资400万元。

管理人采信DF所《经济责任审计报告》的审计结论，即确认江W公司股东欠缴出资款400万元。于是，根据《企业破产法》第三十五条“人民法院受理破产申请后，债务人的出资人尚未完全履行出资义务的，管理人应当要求该出资人缴纳所认缴的出资，而不受出资期限的限制”的规定，管理人向江W公司的股东V资产经营公司发出《限期补缴出资函》，要求V资产经营公司限期补足江W公司的欠缴出资款400万元，并将此情况在2021年

4月1日召开的本案第一次债权人会议上向全体债权人作了通报。

### （四）引发争议，进退两难

V资产经营公司收到管理人的《限期补缴出资函》后，感到吃惊、委屈与无奈，并在2021年4月1日的第一次债权人会议上，提出书面材料：江W公司不是V资产经营公司出资设立的，只是2004年3月由市政府划归其管理，且设立江W公司的原政府机关因机构改革早已撤销。V资产经营公司既没有接管江W公司什么资产，还为江W公司安置了几名职工，之后江W公司多年没有开展经营业务，属于“无财产、无人员、无场地”的三无“僵尸企业”。原本是按照国有“僵尸企业”退出市场的有关规定，将江W公司退出市场，但这样一走司法破产清算程序，需要V资产经营公司为江W公司补缴出资款400万元，V资产经营公司觉得冤枉不说，实在也没有这个承担能力。

江W公司的2户债权人自然很高兴：他们与江W公司之间的债权债务纠纷，通过一审、二审多年的诉讼，胜诉后申请强制执行，经历了十多年的时间，仍没有执行到任何财产，损失很大；而今江W公司进入破产清算后，如果可以追回股东欠缴的出资款400万元分配给债权人，也是一项意外的收获。所以，债权人极力要求管理人加大追收力度，早日向V资产经营公司追回欠缴的出资款。

管理人感到为难，对江W公司欠缴出资款一事，早在几年前DF所的审计报告就有明确的结论。法律法规明确规定，股东欠缴的出资款，必须列入破产财产，且不受时间的限制。如果管理人不追收，就未履行法定职责，那肯定不行。如此，江W公司的破产清算一案，陷入进退两难的境地。

## 二、专项审计，查明真相

面对因股东欠缴出资款，江W公司破产清算陷入进退两难境地的局面，管理人进行认真分析：考虑到江W公司是1988年8月根据当时的《中华人民共和国企业法人登记管理条例》（1988年5月13日国务院第四次常务会议通过，以下简称《企业法人登记管理条例》）的规定设立的，而我国的《公司法》于1994年7月1日才开始施行。所以，管理人决定，对江W公司股东欠缴出资款400万元一事，聘请正大所进行专项审计。

正大所组成强有力的审计小组，对江W公司股东欠缴出资款一事进行全面专项审计。在审计过程中，审计小组审阅了江W公司设立的有关文件资料，与管理人和V资产经营公司进行了多次沟通。经专项审计，综合相关情况，以目前现有证据，审计小组指证江W公司股东出资不到位的证据不足，之前DF所作出江W公司股东欠缴出资款400万元的审计结论明显适用法律法规有误，是错误的审计结论。理由如下：

一是江W公司在公司登记机关登记的注册资本① 1000万元已到位。根据《企业法人登记管理条例》第十二条第一款“注册资金是国家授予企业法人经营管理的财产或者企业法人自有财产的数额体现”以及《中华人民共和国企业法人登记管理条例施行细则》（1988年11月3日国家工商行政管理局令第1号公布）第三十一条第一款“除国家另有规定外，企业的注册资金应当与实有资金相一致”的规定，江W公司在公司登记机关登记的注册资本自1993年以来，一直是1000万元。

二是江W公司实有注册资本1000万元已得到当时国有资产管理部门的确认。江W公司1988年8月设立时原注册资本30万元，1993年3月28日申请注册资本增加到1000万元。对此，在江W公司提交的《企业申请变更登记注册书》中，由市国资办于1993年3月29日予以审核确认。同时，在《国有资产产权登记表》中，市国资办于1993年12月9日再次确认江W公司的实有注册资本为1000万元。根据1992年5月11日国家国有资产管理局、财政部、国家工商行政管理局发布的《国有资产产权登记管理试行办法》（国资综发〔1992〕20号）第七条“《国有资产产权登记表》一式三份，一份由国有资产管理部门保存，一份由企业单位保存，一份作为企业单位向工商行政管理机关申办企业登记的证明。……今后，由国有资产管理部门审核同

① 在1994年7月1日《公司法》施行前，称“注册资金”，《公司法》施行后统称为“注册资本”，以下统称为“注册资本”。

意的《国有资产产权登记表》作为企业单位占有、使用国有资产的资金信用证明”的规定，江W公司注册资本增加到1000万元，其《国有资产产权登记表》中的“国有企业资本金”已经过市国资部门审核确认。

综合以上情况，正大所于2021年8月20日出具“068号《专项审计报告》”，审计结论：仅凭江W公司的会计账户记录指证江W公司股东出资不到位的证据不足，在没有经司法程序作出审理判决的情况下，审计机构不能作出“江W公司股东出资不到位”的审计结论，是否对江W公司的股东提起出资不到位、补缴出资款之诉，需经法定程序另行处理。

## 三、妥善处理，化解纷争

根据正大所出具的“068号《专项审计报告》”，管理人向2户债权人发出《关于江W公司股东出资不到位的复核意见暨限期提起诉讼通知书》（以下简称《出资不到位的复核书》）。在《出资不到位的复核书》中，管理人拟采信正大所“068号《专项审计报告》”的审计结论，拟不对江W公司股东提起追缴其欠缴出资款的诉讼，如果债权人对管理人的决定有异议，请在收到《出资不到位的复核书》之日起30天内，向管理人垫付诉讼费，否则，视为认可管理人不提起诉讼的决定。同时特别提醒各位债权人：根据《最高人民法院关于审理军队、武警部队、政法机关移交、撤销企业和与党政机关脱钩企业相关纠纷案件若干问题的规定》（法释〔2001〕8号）第十六条“人民法院在执行涉及开办单位承担民事责任的生效判决时，只能用开办单位财政资金以外的自有资金清偿债务。如果开办单位没有财政资金以外自有资金的，应当依法裁定终结执行”的规定，即使管理人向江W公司股东提起补缴出资款的诉讼请求获得法院支持，也存在无法执行到财产的风险。如果那样，债权人垫付的诉讼费用由各位债权人承担。

2户债权人收到管理人的《出资不到位的复核书》后，均未在规定的时间内提出书面异议，也未垫付诉讼费用。而后，我们再次与2户债权人沟通，他们均表示对管理人的《出资不到位的复核书》和正大所“068号《专项审计报告》”进行了认真研究，也认可管理人的处理决定。至此，江W公司破产清算案顺利结案。

## 四、几点思考

在管理人与正大所注册会计师的共同努力下，虽然一宗因前任注册会计师错误的审计结论而产生的纷争，得到圆满解决，但前任注册会计师审计报告的错误结论，仍未得到纠正。据此，结合本案例，就注册会计师作出错误审计结论时，有何纠正机制等问题，笔者谈几点看法。

### （一）法律法规时效，错误审计结论

#### 1.现行法律标准，过往经济业务

在对江W公司股东实际出资情况进行专项审计后，我们不难发现，DF所注册会计师得出错误审计结论的主要原因是以现行法律法规标准，衡量过往经济业务。

在1994年7月1日施行《公司法》之前，设立企业的注册资本是按当时《企业法人登记管理条例》（1988年5月13日国务院第四次常务会议通过）的规定实行“实缴制”，即企业在办理注册登记时，出资人必须将向企业的出资缴付到拟设立的企业，出资的标准是验资报告或出资证明。从1994年7月1日开始实施《公司法》至第三次修正的《公司法》实施前，设立企业的注册资本也实行的是“实缴制”。修正后的《公司法》从2014年3月1日起实施，对公司注册资本实行“认缴制”，即股东（发起人）要按照自主约定并记载于公司章程的认缴出资额、约定的出资方式和出资期限向公司缴付出资，股东（发起人）未按约定实际缴付出资的，要根据法律和公司章程承担民事责任。

以上案例中，江W公司是1988年登记成立的，对其注册资本的要求适用当时注册资本“实缴制”的规定。而之前为江W公司实施审计的DF所注册会计师，按《公司法》的规定来要求《公司法》尚未实施之前的江W公

司，显然是错误的。对此，年轻注册会计师应引以为戒，很多年轻注册会计师对几十年前的法律法规不清楚，如果在实际工作中，不根据当时的业务活动与适用的法律加以甄别，就容易发生同样的错误。

### 2.会计账户记录，证据完整充分

在注册资本实缴制下，企业收到股东缴交的出资，均须入账记入实收资本。据此，理论上，企业会计账户记录的实收资本应该是股东的实际出资。但是，由于《公司法》第二十七条第一款规定“股东可以用货币出资，也可以用实物、知识产权、土地使用权等可以用货币估价并可以依法转让的非货币财产作价出资；但是，法律、行政法规规定不得作为出资的财产除外”，在企业会计人员业务知识水平参差不齐的情况下，不排除企业会计账户记录的实收资本有误的情况。所以，在审计实务中，有的注册会计师往往仅凭企业会计账户记录的实收资本与企业注册资本不一致，就轻率地作出股东出资不到位的审计结论，显然证据不完整、不充分，审计结论也有失公正。

## （二）错误审计结论，损失责任追究

注册会计师出具错误结论的审计报告，给当事人（或第三方）造成损失的，注册会计师需承担相应的法律责任。对此，《注册会计师法》第六章“法律责任”中专门作了详细规定。同时，在《公司法》及其实施条例、《中华人民共和国证券法》（以下简称《证券法》）、《民法典》等相关法律法规中，均有相应的条款规定。以上案例中，鉴于DF所及其注册会计师出具审计报告的错误审计结论，如果江W公司的股东V资产经营公司真正被追缴所谓的400万元欠付出资款， V资产经营公司可向DF所及其签署报告的注册会计师追索赔偿。因此，注册会计师执行业务，须时时牢记：遵守法律，控制风险。

## （三）错误审计结论，纠正机制措施

### 1.自行纠错程序，期待制度完善

当我们发现DF所出具的《经济责任审计报告》中对江W公司股东欠缴出资的审计结论有误时，我们曾试想提请DF所更正审计结论，但找不到提请DF所更正审计结论的法律与准则依据。除了《中国注册会计师审计准则第1153号——前任注册会计师和后任注册会计师的沟通》第十五条“如果发现前任注册会计师审计的财务报表可能存在重大错报，后任注册会计师应当提请被审计单位告知前任注册会计师”以及第十六条“如果被审计单位拒绝告知前任注册会计师，或前任注册会计师拒绝参加三方会谈，或后任注册会计师对解决问题的方案不满意，后任注册会计师应当考虑对审计意见的影响或解除业务约定”之外，没有涉及对前任注册会计师的错误审计结论，如何纠正的规定或程序。按以上两条注册会计师审计准则的规定，正大所只有通过江W公司向DF所及其注册会计师告知其审计结论是错误的，如果DF所及其注册会计师不前来参与三方协商或三方协商结果不令人满意，正大所只能解除审计委托，除此之外，后任审计的正大所也就没有什么处理依据了。

据最高人民法院的统计，民事判决中，在没有新证据的情况下，二审改判一审的案例仍有一定的比例。法庭审理案件，经原被告双方举证并聘请专业人士进行充分辩论，审判的结论仍有一定程度的偏差。据此，笔者认为，对注册会计师涉及出具鉴证意见的专项审计业务，理应在相关的准则中作出相应的规定，当发现注册会计师出具鉴证报告的鉴证结论有误时，应有相应纠正错误的程序。对此，期待注册会计师审计准则的完善。

### 2.审计结论有误，非诉讼纠正程序

目前，中国注册会计师审计准则中，没有涉及后任注册会计师可以纠正前任注册会计师错误审计结论的规定。对此，笔者认为是对的，注册会计师不可以相互否定对方的审计结论，就像法官不能随意相互否定对方的审判结论一样，这才符合逻辑关系。以上案例中，在没有纠正错误审计结

论渠道与程序的情况下，正大所明知DF所及其注册会计师作出江W公司股东欠缴400万元出资款的审计结论是错误的，但就是没有其他办法可以纠正这个错误的审计结论，只能与江W公司的债权人协商，作出妥善处理。所以，笔者认为，注册会计师行业内部，还应建立一条渠道，对注册会计师出具“法律责任事项”的鉴证类审计报告，设置通过非诉讼方式纠正错误审计结论的程序，才符合行业更好服务经济建设与行业质量发展的要求。

## （四）防止错误审计结论，慎重发表审计意见

通过以上案例，笔者更加深刻地感受到，除注册会计师行业纠正错误审计结论的渠道、程序是需要完善的一个方面外，更重要的是防止错误审计结论的出现。据此，笔者认为，注册会计师对“法律责任事项”的审计应慎重发表审计意见。

所谓“法律责任事项”，是指由特定法律事实所引起的对损害予以补偿、强制履行或接受惩罚的特殊义务事项，它表示一种因违反法律义务（包括违约等）而形成的责任关系；它表示一种责任方式，即承担不利后果；它具有内在逻辑性，即存在前因与后果的逻辑关系。如《公司法》相关法律法规中，规定股东未履行全面出资义务、抽逃出资需承担的法律责任等。根据《注册会计师法》第十四条第二款“注册会计师依法执行审计业务出具的报告，具有证明效力”以及《中国注册会计师鉴证业务基本准则》第五条第一款“鉴证业务是指注册会计师对鉴证对象信息提出结论，以增强除责任方之外的预期使用者对鉴证对象信息信任程度的业务”的规定，笔者认为，对这种“法律责任事项”，注册会计师出具《审计报告》或《专项审计报告》，只能起证明某一事实或事件过程的作用，而不能对事项本身是否违反法律规定发表肯定审计意见或作出审计结论。否则，意味着注册会计师的“审计”代替了法律的“审判”，那样，注册会计师的审计就是违法的。所以，注册会计师对当事人应承担法律责任事项审计结论的表述，拟以“存在嫌疑”为妥。

如在以上案例中，根据《公司法》第二十八条 “股东应当按期足额缴纳公司章程中规定的各自所认缴的出资额。股东以货币出资的，应当将货

币出资足额存入有限责任公司在银行开设的账户；以非货币财产出资的，应当依法办理其财产权的转移手续。股东不按照前款规定缴纳出资的，除应当向公司足额缴纳外，还应当向已按期足额缴纳出资的股东承担违约责任”的规定，江W公司的股东“欠缴出资”属于“出资违约”，应当承担违约责任。而DF所及其注册会计师在《经济责任审计报告》中，对江W公司股东欠缴出资作出“注册资金不到位，企业注册资金为1000万元，实际到位的注册资金为600万元”这样的审计结论，是错误的。如果将审计结论表述为“江W公司的注册资金为1000万元，账面记录的实收资金为600万元，是否存在股东尚未缴纳400万元出资，待履行法律程序确定” 或表述为“存在股东尚未缴纳400万元出资的嫌疑”，这样的审计结论就更稳妥，会计师事务所和注册会计师才可以避免承担法律责任的风险。因此，注册会计师对涉及“法律责任事项”的审计，正确、准确地表述审计结论就显得非常重要。

# 第十章　五亿资产十年变零，原因何在？

笔者在工作中碰到的一宗“五亿资产，十年变零”的案例，给我留下了深刻的印象。由此，引发笔者对“法律无形，终身相伴”及“如果一个人没有法律意识，不遵守法律，即使他拥有再多财产，也容易一贫如洗，甚至自毁人生”等一些问题的思考。

## 一、债权人特别，引起关注

喜D公司于2008年1月注册登记成立，注册资本2000万元，经营范围是房地产开发。喜D公司成立后，只开展了一项业务——与三元村（化名）以村企合作形式开发建设喜D花园房地产项目。喜D花园于2010年3月开工建设，占地面积64500平方米，建设规模169800平方米，其中：住宅990套，建筑面积118800平方米；商业地产20套，建筑面积2300平方米；配套设施幼儿园，建筑面积2100平方米；地下停车位1000个，建筑面积45000平方米；综合楼及其他公共配套设施，建筑面积1600平方米。至2011年5月，24栋住宅楼房已全部封顶，并开始预售。

2011年11月后，喜D公司与施工单位因工程量结算、工程款付款等问题产生纠纷，喜D花园项目的建设处于半停半建状态。至2012年6月，喜D公司资金链断裂，喜D花园项目被迫全面停工，成为“问题楼盘”，至此，项目住宅已销售65%。2012年下半年至2017年底，喜D花园项目周边的房价涨了一倍多，5年多来喜D公司一直努力寻求合作伙伴，以完成喜D花园项目的续建，但均未成功。于是，某债权人向法院对喜D公司提出破产清算申请。法院审理后，于2018年2月作出裁定，受理对喜D公司的破产清算申请，并依法指定正大所为管理人。

在喜D公司的所有债权人中，笔者发现W兰公司的债权很特别，原因如下：

一是其以生效法律文书主张优先债权，经管理人审核生效法律文书的判决，W兰公司借款给喜D公司，以喜D公司股东的股权为抵押，即W兰公司查封了喜D公司股东的股权，这种查封不存在对喜D公司的财产拥有优先清偿权，此债权只是普通债权，这是很基础的法律常识，不知他们为何申报优先债权。

二是生效法律文书显示，W兰公司借款给喜D公司的时间是2011年12月，那时喜D花园项目已处于半停工状态，为何在喜D公司的这种财务状况下，W兰公司仍借款给喜D公司？

三是W兰公司的债权5000多万元，超过本案债权总额的10%，是本案的第一大债权人。而W兰公司的实际控制人伟伟（化名）是一位1982年9月出生的年轻人。

四是从“天眼查”等公开渠道查询到，W兰公司于2008年8月成立，注册资本8000万元。但至2017年，W兰公司因“未按规定期限公示2016年度报告”“通过登记的住所或经营场所无法联系”，被公司登记机关列为“经营异常状态”。

为何拥有8000万元资本，6年前能借给喜D公司4000万元的W兰公司，6年后即被列为经营异常？带着这些疑问与好奇，笔者对W兰公司产生了极大的兴趣。于是，笔者有意识地与伟伟及与其相关人员进行了更深入的沟通交流。

## 二、五亿资产，十年变零

2008年6月之前，伟伟一直在其父亲的公司从事管理工作。2008年6月，伟伟父亲把多年来在房地产项目中所赚的累积利润，分了5亿元给伟伟，让伟伟“自立门户，独闯世界”。因此，伟伟用该笔资金，在市区繁华地段的GY大厦买了建筑面积600平方米的写字楼，把它装修成高档办公室，也就是后来W兰公司的办公场所。2008年8月，伟伟与妻子兰兰（化名）成立W兰公司，W兰公司注册资本8000万元，实收资本8000万元，其中：伟伟出资4800万元，占60%；兰兰出资3200万元，占40%。伟伟任W兰公司法定代表人，经营范围是实业投资与投资管理。

2018年8月，笔者第一次见到伟伟时，他显得比较焦躁，不断地问“什么时候有钱分？”“我能分回多少钱？”等。据伟伟所述，十年前他父亲给的5亿元资金至2017年已亏完了，W兰公司已暂停经营，W兰公司的办公场所也被法院查封，他目前已回到父亲的公司帮忙处理一些杂事。从伟伟丝毫不掩盖、不在意地承认自己把5亿元资金亏完了的表现看，伟伟还是个诚实、知道承认自己错误、不隐瞒自己的缺点的人。但这十年间究竟是什么原因把5亿元资金亏掉的，估计他真的不清楚，所以他说起事情来还是很激动。按伟伟所述的情况，W兰公司与伟伟个人，手握5亿元资金，经十年时间变为零，平均每年损失5000万元，平均每天损失超13万元，确实不可思议。

从那以后，伟伟时不时前来了解喜D公司破产清算案的进展情况，作为喜D公司破产清算案管理人、负责人，笔者须耐心地向他解释有关情况以及相关法律规定与法律程序，也会对他“五亿资产，十年变零”的原因作一些提示性分析。渐渐地，伟伟也慢慢认识到、感受到笔者讲得很有道理，因此，伟伟对笔者有了一定信任，也敞开心扉地同笔者谈起他不太想回忆的那段经历，让笔者对伟伟有了更全面、深刻的认识和了解，也对他“五亿资产，十年变零”的原因有了更准确的分析和判断。

## 三、先天不足，后天不补

在对伟伟有了更进一步了解的基础上，笔者认为，伟伟“五亿资产，十年变零”的主要原因，概括起来是“先天不足，后天不补”八个字。“先天不足”的原意是指人或动物生下来体质就不好，后来人们更多把它引申为事物的根基差。在此，主要是指伟伟本人及W兰公司，尚不具备经营公司和管理5亿元资金的能力。这主要表现在如下几个方面。

## （一）没有主营业务与经营目标的公司

W兰公司成立后，做的什么生意？伟伟说："不知道，当时，只是知道自己有钱，公司不缺钱，我们不需要担心去做什么生意。倒是各家银行，不断找上门来，请我们到他们银行去开户，把钱存到他们银行去。"所以，为了平衡关系，W兰公司在10多家银行开设了银行账户，在每家银行的存款至少是1000万元。

设立一家公司，老板都不清楚自己需要做什么生意、开展什么业务，天天应付银行的业务员，把公司的存款转到银行去存。有这样老板的公司，是喜是忧，真是不好说。就如一个人，行走在大街上，整天不知道要做什么事情，也不知道去哪里，但每到一处都有人请你、拉你去他那里，你去了他那里，大家都有肉吃、有酒喝，这样的日子岂不是"神仙"过的日子，但这个人还能干成一番事业吗？这真的值得怀疑。

## （二）缺乏金融专业知识，以过桥垫资为主业

W兰公司在经历了一段"神仙"日子后，听朋友的介绍，伟伟决定在W兰公司开展"过桥垫资"业务，于是伟伟公司的第一笔业务就是过桥垫资业务。

所谓过桥垫资业务，是指企业向金融机构的借款将到期，企业向金融机构申请续借款，金融机构经审核基本可以确定给予续贷款时，按规定，企业必须先还清原贷款本息，金融机构才发放新的贷款；一般情况下，企业都没有足额的资金一次还清原有贷款的本息，于是，企业就向第三人借一笔钱来归还金融机构的原贷款本息，待金融机构的后续贷款到位后，即速归还向第三人借的款，这个向第三人借的款就是过桥垫资。

如甲企业向银行借款2000万元，借款期限约定一年。一年期限快到时，甲企业向银行再续借1800万元，但银行规定需先还清原来2000万元贷款的本息，才能发放新的1800万元贷款。但至还款日时甲企业自己只有500万元，还清原贷款本金尚差1500万元，于是，甲企业向第三人先借款1500

万元，这个第三人出借的1500万元即过桥垫资。

过桥垫资原来是只允许金融机构之间发生的业务，后来拓展到民营企业。过桥垫资业务一般时间短，有的是3～5天，有的十天半个月，时间长一点的也有1～2个月，但借款利率较高，一般是同期银行利率的几倍（最高不得超过4倍，这是法律保护的利率水平）。W兰公司于2008年10月开展的第一单过桥垫资3000万元，约定月利率2%，一个月的时间净收入60万元。在W兰公司第一笔过桥垫资业务成功后，伟伟认为，过桥垫资就是W兰公司的主营业务，而后就专门做这个业务。

其实，开展过桥垫资业务，除需要一定的金融知识外，还需要有法律、会计财务管理以及对企业的风险评估等方面的专业知识。伟伟虽然是大专毕业生，学的是市场营销专业，也学习过一些金融专业知识，具有几年的实际工作经验，但其在金融、会计、财务管理方面还是没有专业优势，对金融风险控制的能力明显不足。同时，W兰公司也没有聘用这方面的专业人员来协助处理这方面的业务。按伟伟的说法，他认为这个生意很好做，风险不大，来钱快。所以，这种“先天不足”为W兰公司“五亿资产，十年变零”的后果埋下了隐患。

## （三）走火入魔，不可收拾

走火入魔的意思是对某种事物迷恋到失去理智的地步。W兰公司在过桥垫资业务上尝到甜头后，一发不可收拾，后来真到了有些“走火入魔”的程度。

一是成为众人皆知的过桥垫资“老大”。当时，W兰公司在十多家银行存放了近5亿元的资金，后来，各家银行都推荐企业，或主动请W兰公司去做过桥垫资业务。在巅峰时期，过桥垫资业务一个月能够取得400万～500万元的净利息收入，也印证了伟伟原先“这个生意很好做，风险不大，来钱快”的判断。

二是对申请人的资质、经营状况、偿债能力等风险评估也只是流于形式。开展过桥垫资业务之前，对借款人的资质、经营状况、偿债能力等均须作必要的调查、评估，控制好风险，确保自身的资金安全。但后来，像对喜D公司项目借款的风险评估就流于形式了。借款给喜D公司是2011年12月发生的，当时，喜D公司欠付施工队的工程款，几百名工人聚集到政府门口，要求政府协助支付工程款，让工人回家过春节。因此，喜D公司老板找到伟伟，愿意用喜D公司的股权为抵押，向W兰公司借款4000万元，月息2%，伟伟欣然同意，并且协助喜D公司，请银行的专用运钞车将4000万元现金运到工地现场，将喜D公司欠付几百名工人的工程款发放完。

### （四）收购矿企，雪上加霜

自2009年下半年起，随着我国经济形势的恢复，金属产品价格开始上涨。据此，根据朋友的介绍，伟伟于2010年10月前往北方N省C市，花费2.1亿元收购了当地E石钨矿（化名）70%的国有股权，W兰公司成为E石钨矿的控股股东。按伟伟的说法，收购E石钨矿2个月就搞定了。然而，2011年后，金属价格开始回落，E石钨矿开始亏损，至2014年，E石钨矿的原矿资源已枯竭，最后进入破产清算程序。W兰公司的2亿多元投资，就这样打水漂了。

## 四、几点启示

人们对美好生活的向往，其中重要一项是对财富的追求。人们常说“钱不是万能的，但没钱是万万不能的”，说明财富是人们美好生活的基础保障。从“法律无形，终身相伴”“恪守法律，成功前提；违犯法律，自毁人生”的角度看，在“五亿资产，十年变零”的案例中，我们可以得到如下几点启示。

### （一）违法后果自负，他人同情无济于事

刚开始，伟伟对自己“五亿资产，十年变零”的结果一直难以接受，整天无精打采、垂头丧气。针对伟伟的这种心情，我对他进行了一些开导与解释。我对伟伟说：“自古以来，一个人的财富不能大于功德，一个人的地位不能大于贡献，一个人的职位不能大于能力，一个人的名声不能大

于才华，这是不以人的意志为转移的规律。你年纪轻轻，拥有不了这么多财富，说明你现在的功德、能力不够。所以，不要怪自己，也不要怪别人，社会是公平的，你现在失去了财富，今后可能会拥有更多的财富。但你是否能拥有更多的财富，也要看你今后的功德、能力是否能够积累到足够的高度。”经我这样一劝说，还真产生了一定的作用，伟伟的心情好像逐渐好转。

当然，很多人对伟伟“五亿资产，十年变零”的结果，也感到同情与惋惜。但人们的惋惜同情，能把W兰公司亏掉的五亿元拿回来吗？肯定不能。所以，从法律角度，不遵守法律规矩给自己造成的损失，是没有办法弥补的。法律不相信同情与惋惜，法律也不相信眼泪，这就是法律。

## （二）财产留子女，教育好孩子

在本案例中，伟伟的父母可谓用心良苦，早早就把5亿元的巨额财产给了伟伟，让伟伟去独闯世界。他们认为这样是尽到了做父母的责任，伟伟可以以此财产为基础，发挥聪明才智，在市场经济的海洋中扬起风帆，乘风破浪，奋勇前进，创造佳绩。可是，伟伟造成“五亿资产，十年变零”的结果，是伟伟的父母万万没有想到的。我们作为旁观者，从本案例中，不难发现，一是伟伟父母大大高估了伟伟的能力，二是伟伟父母的思想观念落后于时代的发展。目前，大多数年轻的父母都很清楚，留给孩子最大的财富是教育好孩子，而不是留多少资产给小孩。正如林则徐所说“子孙若如我，留钱做什么，贤而多财，则损其志；子孙不如我，留钱做什么，愚而多财，益增其过”。如果伟伟的父母真正明白林则徐的这几句话，他们是否还会早早把5亿元财产交给伟伟？

## （三）尊法守法，财产安全

尊法守法就是了解法律，掌握法律，尊崇法律，敬畏法律，遵守法律。财产安全是指拥有的金钱、物资、房屋、土地等物质财富受到法律的保护。本案例中，伟伟及W兰公司好像没有发生违反法律的行为，但却把5亿元资产变零了，为什么呢？对伟伟及W兰公司使用5亿元资产进行的过桥垫资、买矿投资等业务，法律上是没有禁止伟伟及W兰公司开展的，但也不能确保伟伟及W兰公司开展这些业务的收益。另外，对于如何具体开展这些业务，国家的部门规章制度（法律）相应规定了有关流程与程序，对这些流程与程序，法律也没有规定伟伟及W兰公司必须遵照执行，他们可以选择执行与不执行，由此产生的后果也由他们自己承担。据此，伟伟及W兰公司没有严格执行开展相关业务中的规定与流程，作出失误决策，才是造成“五亿资产，十年变零”的重要原因。所以，法律是规矩，规定了公民可以做什么，不可以做什么。遵守法律，可以防止自己的财产被他人非法占用，确保财产的安全，但不能保证财产所有者使用财产（投资）带来的收益，也就是不能确保财产的增值保值，这是法律的性质决定的。

## （四）没有法律意识，等同慢性自杀

法律是国家规矩，是全体公民的行为准绳。本案例中，伟伟及W兰公司法律意识缺乏、法律观念淡薄，不管是做过桥垫资业务，还是收购矿企，都没能严格遵守法律、执行规矩。如在收购E石钨矿时，按正常的程序， W兰公司需要与E石钨矿原股东签订意向协议，而后W兰公司组成业务团队，委托专业的第三方对E石钨矿进行审计、资产评估及尽职调查，根据专业的第三方作出的报告，再商定收购价格，在收购过程中，需制订新的公司章程，组建新的公司经营班子等。而W兰公司在收购E石钨矿过程中，这些法定程序有的根本没有做，做了的也是流于形式。据伟伟介绍，W兰公司收购E石钨矿时，伟伟亲自前往N省C市三次就搞定了，第一次去看了矿山现场，第二次是一个月后，C市国资部门准备好E石钨矿的审计报告、评估报告、矿藏储量勘测报告等，双方商定具体条款，第三次即签订合同，就正式完成收购了。

所以，从“方与圆——法律的终身相伴”的角度看，方与圆本是联合体，有方才有圆，方中有圆，圆外有方。如果忽视了“方”，就会失去“圆”，就会影响一个人的成功。无论一个人有多高的职务、办多大的事情，或一时拥有多少财产，如果没有法律观念，毫无法律意识，忽视法律的力量，就谈不上遵法守法、恪守法律规矩。那样，就等同慢性自杀，最终必将受到法律的惩罚。

## （五）专业事情，专业人做

韩愈在《师说》中说，“孔子曰：三人行，则必有我师。是故弟子不必不如师，师不必贤于弟子，闻道有先后，术业有专攻，如是而已”。意思是“孔子说：三个人一起走，那一定有可以当我老师的。所以，学生不一定不及老师，老师不一定比学生高明。懂得道理有先有后，技能各有钻研与擅长，只是这样罢了”。俗话说“山外有山，天外有天，人外有人，强中自有强中手”。当今世界，社会分工越来越细，各项事业蓬勃发展，知识快速更新。受条件的制约、精力的限制，一个人难以精通各方面的知识、熟悉各行业的业务。据此，作为一位企业老板或是单位领导者，要善于调动所有人的积极性，充分利用他人的专业知识，尽量让专业的事情由专业人士去做，以取得最好的效益、最佳的成果。本案例中，过桥垫资、收购矿企，以及经营矿企，都是专业性非常强的业务，而伟伟认为这是简单的事情，很少利用专业人士的意见或知识，发挥专业人士的作用，使得W兰公司所开展的垫资过桥、收购矿企等业务，均难达到一般专业的水平。所以，最后业务不成功，也就在情理之中了。

## （六）亡羊补牢，为时已晚

本案例中，伟伟认为过桥垫资生意很好做，风险不大，来钱快，可以成为W兰公司的主营业务。所以，自2008年10月开展第一笔过桥垫资业务，至2011年底3年多的时间里，W兰公司在外的过桥资金已超2亿元，而大部分已逾期。此时，伟伟与W兰公司才意识到，需要用法律武器来维护权益，因此，聘请法律专业人士对不能履行合同的债务人提起诉讼。可是，几年下来，胜诉的判决书有几十本，结果大部分是像喜D公司一样，赢了官司而无法执行到财产。最后，连聘请法律专业人士的费用都无力支付，W兰公司反而成为被告，败诉后甚至到了公司的写字楼被查封并即将被拍卖的地步。虽然，俗话说“亡羊补牢，为时不晚”，而对法律而言，往往是“亡羊补牢，为时已晚”。所以，人们应自觉遵守法律，以法律为行为准绳，杜绝违反法律的行为的发生。

## （七）知人者智，自知者明

“知人者智，自知者明”是老子《道德经》中的话，意思是能了解他人的人是智慧，能了解自己的人是聪明。一个人无论能力大小，能充分认识自己、看清自己非常重要。人的一生，首先永远不能高估自己。做人太高估自己是愚蠢的，一个人到底有多大本事，有多少才能，总有一天会真相大白。如果把自己看得太重，只会把自己伤得很深；把自己捧得太高，往往摔得很惨。只有认清自己的真实水平，摆正自己的位置，才能够平视自己、看到最真实的自己和世界，才能走得更稳更远。

同时，一个人也不要轻易看轻自己。美国开国元勋之一的富兰克林曾说：“一个人失败的最大原因，是对自己的能力缺乏充分的信心，甚至以为自己必将失败无疑。”当今世界，每个人都是独一无二的，都有自己的位置，有自己的角色，只是舞台不同、发挥作用大小不同而已。所以，做人，不看轻自己，是对人生的最大尊重；只有自己看得起自己，才能在人生的舞台上获得他人的掌声。否则，连登台都不敢，何谈盛装表演？

总之，人生最好的状态，是认清自己，找准自己的位置，别把运气当才华，别把平台当本事。正如古人所说的“有才而性缓，定属大才。有智而气和，斯为大智”。人这一辈子，唯有摆正自己的位置，心怀谦卑，才能行稳致远。否则，像本案例中的伟伟一样，看不清自己，找不准自己的位置，明明存在先天不足，可又后天不补，不要说“五亿资产，十年变零”，拥有五十亿元、五百亿元或更多的资金，也是同样的结果。

当然，人们还可以从不同角度来剖析造成伟伟“五亿资产，十年变零”的其他因素，剖析的结论及得到的启示或有所不同，如可以从经济形势的发展与经济环境客观变化等角度进行剖析。笔者认为，按照唯物辩证法的观点，任何事情的发展，内因起决定作用，外因只起到辅助作用。以上对伟伟及W兰公司“五亿资产，十年变零”剖析的结论及得到的启示，是比较客观公正的，也是值得人们借鉴的。

# 第十一章　发现侵占国有资产嫌疑，怎么做？

笔者在实施司法鉴证审计（以下简称“司法审计”）的过程中，曾经办一宗“发现侵占国有资产嫌疑，坚持原则出具审计报告”的案例。由此，引发笔者对人们在日常工作和生活中发现违法嫌疑时应如何坚持原则、守好底线、控制风险、与违法行为坚决斗争等问题的思考。

## 一、司法审计，特殊业务

三江公司（化名）与Q公司（资产经营公司）产生合同纠纷，经法院判决，三江公司应向Q公司清偿债务及利息。Q公司向法院申请强制执行，但从不动产登记等部门均未查询到三江公司存在可执行的财产，因此，几次强制执行均未执行到三江公司的任何财产。Q公司认为不可能出现这种情况，因为Q公司对三江公司的债权本金就有400万元，三江公司的资产究竟去了哪里？于是，Q公司向省高级人民法院申请异地执行该案，省高级人民法院审理后裁定该案由异地的Z市法院执行。据此，2008年10月，法院通过摇珠选定正大所对三江公司的财产情况进行专项审计，也就是司法审计。

司法审计是一项特殊的审计业务，一是审计目标不同，本项目的审计目标是查明三江公司是否存在可执行的财产。二是审计范围不同，司法审计的范围除审查公司会计账户记录外，还需特别关注是否存在账外财产，审计涉及的时间跨度也会较大，个别事项存在需追溯到企业成立之初的情况。三是审计资料来源不同，司法审计的资料需依法经过法庭质证后才能移交审计机构。据此，对注册会计师来说，司法审计是一项业务较复杂、审计风险较高的项目。

## 二、依法审计，查明事实

正大所接受委托后，组成审计小组，笔者担任审计小组的项目负责人，组织本项目的审计实施。经审查三江公司的会计核算资料，至2008年9月底，三江公司确实没有什么资产。但在审计中，我们发现，三江公司开发建设的C综合市场项目（以下简称“C市场项目”）存在一些疑点。经提请法院许可，扩大本项目审计范围，我们查阅了三江公司在企业登记机关的登记资料、C市场项目的不动产登记等资料，历时4个月，审计小组查明了如下事实。

### （一）国有企业，政府工程

三江公司是1986年6月成立的国有独资企业，注册资本880万元，由原市建设委员会出资，经营范围为房地产开发。当时，设立三江公司的目的主要是按市场化运作方式，由公司承建一些市政配套设施。三江公司成立后，在城市规划一居住区旁边，通过出让方式取得一宗6000平方米的国有土地使用权，用于开发建设C市场项目。三江公司于1988年初办妥了C市场项目建设规划许可证、施工许可证等手续，这些证件资料显示，C市场项目1～3层为综合市场，建筑面积为9000平方米，4～8层为住宅楼，商住层共120套住宅，建筑面积为13000平方米。从C市场项目的建设规划可知，建设C市场项目需要的资金，有一部分由三江公司负责筹集。

### （二）市场变化，项目烂尾

C市场项目于1988年6月开始施工建设，至1989年3月框架施工至第3层。根据1989年3月第七届全国人民代表大会第二次会议上政府工作报告中“治理经济环境，整顿经济秩序”精神，鉴于C市场项目周边尚未形成居民居住规模，加上三江公司建设资金尚未全部落实，自1989年5月起，C市场项目被迫停工。此时，C市场项目施工只完成了1～3层框架结构，花费的建设资金，除自有资金外，还有向银行贷款的400万元。之后，C市场项目就成为烂尾楼。

## （三）合作开发，续建竣工

至1999年下半年，房地产市场行情开始好转。于是，2000年6月三江公司与K房地产开发公司（以下简称“K公司”）签订了《合作续建C市场项目协议书》。该协议书约定：K公司出资1300万元，完成对C市场项目的续建工程。C市场项目竣工验收后，房屋的分成比例：1～3层9000平方米的综合市场为三江公司所有，4～8层13000平方米住宅楼归K公司所有。鉴于三江公司的房地产开发资质已过期，续建C市场项目以K公司为主，三江公司与K公司共同办妥C市场项目后续开发建设手续。C市场项目竣工后的对外销售由K公司负责，涉及的所有税收由三江公司与K公司各自负责。续建的C市场项目于2001年6月竣工验收，K公司分得了4～8层的全部住宅楼。C市场于2001年11月交付使用。

## （四）财产无踪影，权证是他人

三江公司与 K公司签订的《合作续建C市场项目协议书》约定，至2001年底C市场项目开发完成，三江公司应分得C市场项目1～3层9000平方米的房屋。可是，至2008年底，审计人员从不动产登记部门无法查询到三江公司拥有的任何房屋财产，且三江公司的会计账户中，也从来没有任何房屋对外销售的收入反映。那价值几千万元的9000平方米房屋到哪里去了？审计小组请求法院出具工作函，向不动产登记部门再次调查C市场项目1～3层9000平方米房屋的产权登记信息。

经核查，C市场项目1～3层9000平方米房屋的产权证于2001年已被登记在B物业公司名下。又从公司登记机关查询到，B物业公司是1997年6月成立的有限公司，注册资本10万元，股东为刘一、陈二两个自然人。再进一步核实，刘一、陈二为三江公司职工的亲属，再从C市场项目租户中了解到，租户交付的租金，正是B物业公司收取的。

## 三、有预谋、有计划，有侵占国有资产嫌疑

综合以上已查明的事实，我们怀疑在如下两个节点，三江公司存在侵占国有资产、造成国有资产流失的嫌疑：一是房屋财产的直接损失。C市场项目1～3层9000平方米的商业房屋的产权被转移到私营企业B物业公司名下，存在直接造成国有三江公司实物财产房屋流失的嫌疑。二是房屋财产租金流失。经十多年的发展，在2001年底，C市场项目周边已形成繁华的商住区，附近1000米范围内，已有中小学、幼儿园、银行、酒店、商场以及大大小小的商店。所以，C市场项目1～3层一个月的租金收入应有几十万元。自2001年底至启动调查，这些房屋租金收入去哪里了？所以存在租金流失的嫌疑。另外，在2000年6月三江公司与K公司签订的《合作续建C市场项目协议书》中，也存在国有资产流失的问题：C市场项目的续建成本是否需要1300万元？为什么三江公司只分回C市场项目1～3层9000平方米的房屋？对此，需要进一步核实。

同时，可以看出这是一宗有预谋、有计划侵占国有资产违法谋利的案件。其"路线图"也很清晰，第一步是以三江公司职工亲属名义设立私营企业B物业公司，B物业公司的实际控制人是三江公司的领导层。第二步是将本属于三江公司的C市场项目1～3层9000平方米房屋的产权证，无偿登记到B物业公司名下，房屋的租金就由B物业公司收取。经如此运作，把三江公司变成一家空壳企业，别人审查三江公司的会计核算资料，或查询三江公司在不动产登记等部门的财产登记情况，无论如何也查不到三江公司有什么财产。这样不仅严重损害了三江公司债权人的利益，也造成了国有资产的重大损失。

## 四、出具报告，依法查处

审计报告是注册会计师根据中国注册会计师审计准则的规定，在实施审计工作的基础上发表审计意见的书面文件，是审计工作最终成果体现，具有法定证明效力。注册会计师在实施必要的审计程序后，以经过核实的

审计证据为依据而形成的审计意见及出具的审计报告，对各关联的利益方来说都有十分重要的意义。

## （一）慎重考虑，出具报告

当发现三江公司存在侵占国有资产甚至贪污行为嫌疑时，如何作出审计结论，在审计报告中怎样表述审计结论，非常考验注册会计师专业水平。针对本案的情况，当时，审计小组有如下三个方式可以选择。一是对三江公司存在的违法嫌疑“装作没看见”，即不在审计报告中作任何披露或说明。这样，报告出具后，估计委托方也可以结案，注册会计师需承担的审计风险也低，但如此处理与审计准则和职业道德不符。二是向有关部门实名举报三江公司存在的违法嫌疑。这就超出了委托方的委托范围，还可能导致注册会计师及其事务所在较长时间内与三江公司产生纠纷，甚至要承担较大的法律责任与风险。三是在审计报告中以“恰当的方式”披露三江公司存在违法谋利嫌疑，但又要尽量回避承担较大的法律责任，以最大限度保护注册会计师的自身安危。

经综合考虑，审计小组决定采取第三种形式，正大所于2009年2月向委托方出具了02号报告。在02号报告中，一是如本章第二节“依法审计，查明事实”所说明的那样，在审计过程中将查明事实作了详细陈述。二是对审计结论作了如下表述：在三江公司的会计账户中，没有C市场项目房屋销售的收入记录，包括产权证已被办妥到B物业公司名下的C市场项目1～3层9000平方米房屋的销售记录，没有收到B物业公司支付购置该房屋的任何价款，也没有投入资金用于C市场项目建设的任何记录，但C市场项目1～3层9000平方米房屋的租金由B物业公司收取。

以上审计结论，结合查明事实，已明白告诉报告使用者：三江公司开发建设的C市场项目1～3层9000平方米房屋的产权可能被无偿转移到B物业公司名下，自2001年底至审计报告出具日，C市场项目1～3层9000平方米房屋的租金收入已流入B物业公司，至于B物业公司收到这些租金如何处理，那是另一个法律关系。

## （二）积极补救，为时已晚

02号报告出具后，Z市中级人民法院持该审计报告与三江公司及其主管部门沟通，比较顺利地执行完生效法律文书判决、裁定三江公司需要履行的金钱义务。至此，一宗执行标的一千多万元、经强制执行六七年仍无法执行到任何财产的疑难案件，凭注册会计师的审计报告圆满执行完毕，出乎Q公司、省高级人民法院及Z市中级人民法院等部门的意料。

同时，02号报告揭露的问题，引起三江公司主管部门的高度重视，主管部门迅速组成工作组，及时采取有力措施，以减少国有资产的流失。一是对无偿转移的财产——产权证已被办妥到B物业公司名下的C市场项目1～3层9000平方米房屋，及时将产权证办妥到三江公司名下。二是及时清算C市场项目1～3层交付使用以来的租金收入并查明收入去向，追收结余的租金收入。三是对2000年6月三江公司与K公司签订的《合作续建C市场项目协议书》进行审核、审查。四是将情况及时向A市纪委、市检察机关报告。

在主管部门的有力措施推动下，三江公司国有资产流失问题得到有效解决，部分损失得到挽回。对三江公司相关人员存在违法违纪行为的事实，A市纪委、市检察机关对三江公司相关人员进行立案调查。

## （三）依法惩处，罪有应得

A市纪委、市检察机关根据02号报告提供的线索，比较顺利地查处了三江公司相关人员“利用职务便利，私分国有资产、挪用公款非法获利”一案，并在2017年2月6日上午市纪委和市检察机关召开的新闻发布会上，将其作为A市的典型案例给予全市通报。经查明，2001年至2013年，三江公司原总经理、原副总经理、业务部原经理等人（以下简称“三江公司原班子成员”）违反国家法律法规的有关规定，利用职务便利，通过以明显低于市场价格转让公司资产、挪用公款以私人名义借贷、截留大量物业租金不入账、虚假分红等方式侵吞侵占国有资产，对他们分别进行开除党籍、开除公职处分，将他们涉嫌犯罪问题移送司法机关依法处理。而后，三江公司原班子成员分别被依法判处若干年的有期徒刑。

## 五、经验与教训

从以上案例中可知，市纪委、市检察机关顺利查处三江公司原班子成员私分国有资产、挪用公款非法获利一案，正是由于正大所注册会计师出具的专项审计报告。本案虽然过去了十多年，但其中的经验与教训仍值得大家学习和借鉴。

### （一）对注册会计师而言

对注册会计师来说，三江公司司法审计项目能成功可归纳为以下几点，这一案例对注册会计师实施司法审计业务有现实而长远的意义。

#### 1.司法审计，高风险

司法审计业务不是一般财务会计报表审计，它情况复杂，涉及的内容广泛，必须始终把审计风险列为较高级别，配备经验丰富的注册会计师组织实施。本案中，正大所委派主任会计师为项目负责人，与有丰富经验的注册会计师组成审计小组，实施本项目的审计，是确保审计质量的前提。

#### 2.审计证据，重合法

司法审计是注册会计师依据法律法规运用司法会计方法和技术，对案件涉及的财务事实进行验证、审查，并作出书面意见的鉴证活动。对审计证据资料，当时的《最高人民法院对外委托鉴定、评估、拍卖等工作管理规定》（法办发〔2007〕5号）第三十三条就有这样的规定："对当事人提出的异议及证据材料，专业机构应当认真审查，自主决定是否采纳，并说明理由。需要进行调查询问时，由监督、协调员与专业机构共同进行，专业机构不得单独对当事人进行调查询问。"（如今，这一规定更加完善。）本案例中，审计小组查询三江公司、B物业公司的公司登记信息以及C市场项目1～3层房屋登记信息等之前，均向法院报告，由法院出具查询函或得到法院许可后才实施，这与其他的审计业务有差别。

### 3.担当作为，控风险

在发现三江公司可能存在侵占国有资产甚至贪污嫌疑时，审计小组可以有多种选择。简单一点，当没看见，即使将来发现本项目审计失败，充其量说明实施审计的注册会计师专业水平不够，也只承担过失风险。但正大所审计小组坚持原则，勇于担当，根据实际情况，既在审计结论中适当地披露，又最大限度减轻注册会计师的法律责任。事实证明，正是这样的担当精神，才实现了本项目审计的成功。

### 4.借力发力，聘专家

司法审计业务涉及其他专业知识较多，情况复杂，仅凭注册会计师的会计、审计专业知识往往很难保证审计质量。因此，注册会计师要善于借力发力，充分利用其他专家的专业能力来协助完成业务，从而降低审计风险。

### 5.审计结论，求准确

从某种意义上讲，司法审计业务得出的审计结论，必须100%准确，不仅仅是“合理保证”。本项目中，我们出具02号报告后，三江公司和B物业公司明显感到压力很大，所以才履行清偿债务义务，同时，把情况报告市国资部门。根据后来的反馈，市国资部门了解情况后，将该事项列为“重要突发事项”，启动“危机处理机制”，即速召集法律专家针对02号报告进行专门研究，核实审计报告反映的问题的真实性以及注册会计师的审计结论是否与事实相符等问题。最后，法律专家当面询问三江公司、B物业公司相关人员，审计报告所述的查明事实与审计结论哪一项是不真实的，三江公司和B物业公司相关人员均说不出一项。据此，法律专家说，如果这样那就没有推翻审计报告的任何法律依据，要想追究事务所和注册会计师的法律责任也没有任何胜诉的可能。所以，审计质量是注册会计师的生命线。

## （二）对当事人及广大民众而言

在查处三江公司原班子成员私分国有资产、挪用公款非法获利一案中，笔者认为，从“法律无形，终身相伴”的角度分析，有以下几点教训，值得人们汲取或引以为戒。

### 1.触犯法律，不能试

据了解，三江公司原班子成员在商议将C市场项目1～3层房屋的产权转移到B物业公司名下时，他们认为：一是C市场项目已烂尾十几年，各方面的情况发生了巨大变化，估计没有人来追查这件事。二是三江公司只在1989年向银行贷款400万元（据调查，银行对三江公司的这笔贷款，早已作为不良资产剥离给了Q公司，虽然法院判决三江公司需清偿债务，但强制执行几次也没有可执行的财产），另外，至今银行工作人员已换了几批，估计也不会有人会来追这笔债务了。三是三江公司的主管单位，原为市建设委员会，经历了建设局、规划建设局、城乡建设规划局等几轮机构改革，而后其又被划转到新成立的市国资部门，主管单位就更没有人清楚C市场项目了。据此，带着这种试一试的想法，他们一步步走上犯罪的道路。所以，人们必须切记“若要人不知，除非己莫为”，触犯法律的事，一定不可以试。

### 2.任何权力，不越法

在法庭审理三江公司原班子成员侵占国有资产一案时，三江公司原班子成员后悔莫及，他们向法官求情，称他们私分国有资产、挪用公款非法获利的违法行为，都是由于他们法律意识淡薄。当时有的人认为，公司领导班子集体研究作出的决定即使与法律相抵触，也只是一个决策错误，不至于存在违法被追究刑事责任的风险。殊不知，在法律面前，人人平等，绝不允许有超越法律的权力，这是法律的要求。

### 3.违反法律，终必究

三江公司原班子成员明知转移三江公司的国有财产是违法行为，但为了小集体的自身利益，抱着试试看、时间长了没有人会发现的侥幸心理，在违法的道路上，越走越远。“正义从来不会缺席，只会迟来”，不管谁违反法律，最终都必须受到法律的惩罚。所以，违法必究，是社会主义法治的基本要求，也是依法治国的必要保障。

### 4.审计报告，别忽视

正大所的02号报告出具后，立即引起市国资部门的高度重视，正因为事关重大，市国资部门及时上报市纪委、市检察机关，市纪委、市检察机关才较顺利地查处三江公司原班子成员私分国有资产、挪用公款非法获利一案。对此，市纪委、市检察机关对02号报告给予了高度评价，对注册会计师行业也有了新的认识，并表示此后市纪委、市检察机关要进一步发挥注册会计师的审计作用。从这个角度看，在某些方面，注册会计师的工作确实是其他专业人士或部门没有办法替代的。

另外，在我们对三江公司的财产进行审计过程中，明显感觉三江公司对注册会计师审计的忽视甚至轻视态度。事后他们也承认，没想到注册会计师把他们的“老底”全部翻出来。当时他们认为，这个案件强制执行几次，均未执行到什么财产。现在弄个注册会计师来审计，又能搞出什么名堂？通过三江公司的司法审计项目，社会各界逐渐加深对注册会计师非常重要这一事实的认识。

### 5.遵守法律，保平安

三江公司原班子成员被查处时，都已是年过半百的老职工，在即将退休享受天伦之乐之际，因私分国有资产、挪用公款非法获利而获刑，需在铁窗中度过余下的晚年生活，都是咎由自取。因此，法律是国家规矩，是人生前行的轨道，人的一生，只有在法律的轨道上前行，确保不偏离法律轨道，才能平安到达人生终点。否则，像三江公司原班子成员那样，无论是一个人，还是一个集体，违法犯法，偏离法律轨道，那就是自毁人生，自取灭亡。这是“法律无形，终身相伴；恪守法律，成功前提；违犯法律，自毁人生”的规律。

# 第十二章　同工不同酬，违法吗？

笔者在执业过程中，会习惯性地关注服务单位员工的薪酬水平，也会同单位员工交流薪酬问题。由此，笔者产生对“同工不同酬”与“法律无形，终身相伴”一些问题的思考。

## 一、两个概念，有天壤之别

### （一）同工不同酬，同工薪酬差

为了便于说明问题，我们先要把“同工不同酬”与“同工薪酬差”两个概念弄清楚。

同工不同酬，是指在同等条件（如学历、工种、技能、职称、劳动数量和质量等基本相同，下同）下，因劳动者先天身份（如城乡户口、编制等，下同）不同而给予不同的报酬。同工薪酬差，是指在同等条件下，因劳动者先天身份不同而给予劳动者或劳动者获得的报酬不同的差额。这两个概念好像是一样的，但它们有本质上的差别。

共同点：两个概念都表达同一个问题，即同等条件的劳动者，不同的劳动报酬。

不同点：一是内涵不同，同工不同酬是相对于“同工同酬”而言，是法律意义上的概念，它包含着法律主体（支付报酬方）及其是否违法等内涵。同工薪酬差纯粹是个数字概念，其内涵是薪酬差额数据的大小。二是评判角度不同，同工不同酬是从支付报酬方的角度来评判，同工薪酬差可以从支付报酬方和获得报酬方的角度来评判估算，据此，也就产生了“支付方同工薪酬差”和“获得方同工薪酬差”两个概念。平时，劳动者常说的与某某相比，条件同等，薪酬却差距很大，就是从获得报酬方角度来估算的同工薪酬差。

## （二）同工不同酬，属违法行为

根据《劳动法》第四十六条第一款“工资分配应当遵循按劳分配原则，实行同工同酬”的规定，同工不同酬属于违法行为。所谓同工同酬是指用人单位对于技术和劳动熟练程度相同的劳动者，在从事同种工作时，不分性别、年龄、民族、区域等差别，只要能以不同方式提供相同的劳动量，即应获得相同的劳动报酬。同时，《劳动法》规定，劳动者享有平等就业和选择职业的权利、取得劳动报酬的权利、休息休假的权利、获得劳动安全卫生保护的权利、接受职业技能培训的权利、享受社会保险和福利的权利、提请劳动争议处理的权利以及法律规定的其他劳动权利。职工的薪酬水平在经济发展的基础上逐步提高，国家对职工工资总量实行宏观调控。因此，如果用人单位不遵守同工同酬的法律规定，采取任何形式的“同工不同酬”，都是违法行为。

## （三）同工薪酬差，不违法

目前，现实生活中，普遍存在劳务派遣工、临时工，这些工种的劳动报酬就是比单位正式职工、编制内职工的报酬少很多，即存在较大同工薪酬差。但从法律角度，又不能认定用人单位对这些劳务派遣工、临时工存在同工不同酬违法行为，为什么呢？因为在司法实践中，只要用人单位与劳动者在平等、自愿条件下签订了《劳动合同》，且劳动合同得到履行，则劳动合同应得到《劳动合同法》的保护。所以，目前人们普遍感受到同等条件劳动者的报酬存在较大的差距，也不认定用人单位存在同工不同酬的违法行为，这就是法理所在。

## 二、同工薪酬差，越大越普遍

笔者接受委托，曾对政府部门、司法机关、学校医疗机构等事业单位、国有企业、外资企业、民营企业等单位（以下简称“用人单位”）实施过财务审计，这些用人单位大部分存在同工薪酬差问题。如笔者2022年底在对某医院实施审计时了解到，因近三年来的新冠疫情防控需要，医院新增了不少合同制人员，该医院现有医护人员200多人，有正式编制的不到50%，另超50%是合同制员工。不论是正式编制还是合同制的医护人员，实际承担的工作量基本相同，但合同制医护人员的薪酬只有正式编制医护人员薪酬的50%～60%，这是典型的同工薪酬差。

如由外方控股的某中外合资公司，主要业务（材料采购、产品设计、产品销售等）均在国内，公司的人事部、会计部、采购等部门的经理是外籍员工，副经理则是中方员工。公司这些内设机构的经理、副经理任职条件相当，工作量相差不大，甚至某些方面因外籍人员不熟悉国内事务，副经理的工作量往往超过经理的工作量。可在薪酬上，外籍经理的平均月薪是45000元（人民币，下同）左右，而中方副经理的平均月薪是18000元左右，外籍经理平均月薪是中方副经理平均月薪的2.5倍左右，这是比较明显的同工薪酬差。再如，有国有企业的正式职工，其住房公积金是按顶格标准缴交，而同等条件的合同制职工只是象征性缴纳，这也是隐性的同工薪酬差。

目前，社会上这种获得方同工薪酬差现象普遍存在。如公安队伍中的协警，协警与正式警察的工作量基本相同，但协警的薪酬要比正式警察少很多。学校（包括中小学及高校）的老师，也存在正式编制和合同制的身份之差，学校同一职称老师的工作量差异不大，但正式编制和合同制老师的薪酬却相差很大。在政府机关、司法机关中，也有类似的情况。所以，目前社会上各行各业中获得方同工薪酬差现象越来越普遍，薪酬差距越来越大。是什么导致了这种结果？

## 三、特定的时期，同工难同酬

总结我国近三十年来的用工制度改革发展进程，人们不难发现，目前普遍存在的同工薪酬差问题，是深化改革、探索前进中出现的问题，是中国式现代化进程中特定时期产生的特殊问题。

### （一）机构改革，用工双轨

1996年7月8日，中共中央办公厅、国务院办公厅发布《中央机构编制委员会关于事业单位机构改革若干问题的意见》（中办发〔1996〕17号），对事业单位实施“定编”管理。根据1998年3月10日第九届全国人民代表大会第一次会议批准的国务院机构改革方案，中共中央办公厅、国务院办公厅发布《中央国家机关人员定编定岗实施办法》（中办发〔1998〕12号），对中央国家机关具体落实“定编定岗定人数”作出具体规定。中共中央组织部、人事部发布《关于在地方政府机构改革中做好人员定岗分流工作的通知》（人发〔1999〕136号），对地方政府机构改革中定岗人员分流作出具体规定。以这些改革措施的实施为标志，我国进行了近三十年的政府机构和事业单位的用工制度改革。这些改革被称为“三定”（定职能、定机构、定编制）方案，定职能就是确定这个部门具体是干什么的，以及部门内设的处（科或股）、室的具体职责。定机构就是确定行使职责的部门，包括名称、性质（行政或事业）、经费（全供、差供、自收自支）等。定编制就是定人员数额，其中包含部门领导职数和内设机构的领导职数。

“三定”方案在实施过程中存在一些主要问题，一是很难做到将职能明确划分，特别是基层单位，基层单位往往是上级“系统”，基层“总统”，除需要完成本部门、本专业的工作任务外，还要完成地方政府的各项中心工作任务。二是定人数，随着改革的深入，各行各业工作任务不断加重，普遍感到人员不够。所以，2006年1月1日实施的《公务员法》第九十八条规定：“聘任合同应当具备合同期限，职位及其职责要求，工资、福利、保险待遇，违约责任等条款。……聘任制公务员按照国家规定实行协议工资制，具体办法由中央公务员主管部门规定。”在没有编制情况下，单位只能聘任一些合同制人员协助完成工作任务。这样，在政府机构和事业单位中逐步形成双轨制用工模式，也就产生了同工薪酬差。

## （二）劳务派遣，两种用工

很多用人单位在编制不够、没有用工指标、人员少任务重的情况下，为了完成本职工作任务，降低用工成本，希望聘请些临时工来协助工作。随着2008年1月1日《劳动合同法》的实施，确立“劳务派遣”的新用工方式，进一步推动了用人单位使用临时工。但在劳务派遣的实施中，又发生了较大的偏差，《劳动合同法》第六十六条规定：“劳务派遣用工是补充形式，只能在临时性、辅助性或者替代性的工作岗位上实施。”实际施行的情况是，劳务派遣人员到用人单位后，因大多身份模糊、职权不清，临时工也就变成长期工；辅助性、替代性的工作岗位变成关键性与正式工一样的岗位。而这些人员的身份始终是“劳务派遣人员”，因此，怎么也无法取得与用人单位正式职工同等的劳动报酬。

## （三）扩自主权，薪酬自定

根据1995年1月1日实施的《劳动法》第四十七条“用人单位根据本单位的生产经营特点和经济效益，依法自主确定本单位的工资分配方式和工资水平”的规定，实际上形成企业（包括国有企业）自定薪酬的模式。随着我国市场经济的发展和用工制度改革，以及《公司法》和《劳动合同法》相关法律的施行，企业自定薪酬模式更加具体明确。根据《公司法》第四十六条“董事会对股东会负责，行使下列职权……（九）决定聘任或者解聘公司经理及其报酬事项，并根据经理的提名决定聘任或者解聘公司副经理、财务负责人及其报酬事项”[①]以及《公司法》第六十四条、第六十七条的规定，国有独资公司也适用上述规定。据此，事实上，包括国有独资企业在内的所有企业高管（总经理、副总经理、财务负责人及其同等职别员工）的薪酬，由企业自主决定。

① 《公司法》经几次修改，这一规定一直未变。

## （四）就业压力，掩盖矛盾

近二十年来，我国一直处于就业的高峰期。根据国家统计局公布的我国人口出生数据，我国1980—2022年出生人口情况如下（见表12-1）。

表12-1 我国1980—2022年出生人口情况①

单位：万人

| 时间段或年度 | 年数 | 出生人数 | 年平均出生人数 |
|---|---|---|---|
| 1980—1989年 | 10 | 22086 | 2208.6 |
| 1990—1999年 | 10 | 20984 | 2098.4 |
| 2000—2009年 | 10 | 16623 | 1662.3 |
| 2010—2019年 | 10 | 16306 | 1630.6 |
| 2020年 | 1 | 1200 | 1200 |
| 2021年 | 1 | 1062 | 1062 |
| 2022年 | 1 | 956 | 956 |

从表12-1可看出：1980—1989年出生22086万人，平均每年出生2208.6万人；1990—1999年出生20984万人，平均每年出生2098.4万人；2000—2009年出生16623万人，平均每年出生1662.3万人；2010—2019年出生16306万人，平均每年出生1630.6万人。一般情况下，新出生的人口，大部分在二十二年后，即大学本科毕业后开始就业。据此，从理论上讲，2000—2009年平均每年需要就业的人口有2208.6万人，2010—2019年平均每年需要就业的人口有2098.4万人，2020—2029年平均每年需要就业的人口有1662.3万人。

结合出生人口数据分析，2003—2019年，除2009年出生人口达到1915万人外，其他年份的出生人口均在1600万～1700万人之间，而2020年与2021年的出生人口分别已下降到1200万人和1062万人。据此推算，从理论

① a.数据来源于国家统计局网站（www.stats.gov.cn）“统计公报——年度统计公报”栏中公布的出生人口，其中，1980—1996年的年度统计公报只公布人口出生率，1990年、2000年、2010年、2020年的年度统计公报未公布当年的出生人口，这几个年份的数据计算自《中国历年出生人口、死亡人口、增长人口数量（1949—2019年）》，2020年度的数据来源于网络。

b.以上数据均不包括港澳台人口数。

c.数据采集时间为2023年5月。

上说，2023年、2024年我国年平均就业人口在1800万人左右，自2025年开始至2041年，我国年平均就业人口将下降到1600万人左右，2042年、2043年的年平均就业人口将下降到1100万人左右，也就是再过二十年左右，我国的就业人口将从近二十年来年平均2000万人左右下降至1100万人左右，下降45%左右，我国的人口红利将逐渐消失。

所以，2000—2019年这二十年的年平均就业人数都超过2000万人，在如此大的就业压力下，能就业就是不幸中的万幸，即使劳动者对同工薪酬差有诸多不满，较大的就业压力掩盖了劳动者对较大同工薪酬差的怨言。但随着我国出生人口的减少，就业压力的降低，较大同工薪酬差，将会成为突出的社会矛盾。对此，社会各界须高度重视。

## 四、弊端突出，风险巨大

虽然同工薪酬差没有违反《劳动法》关于同工同酬的规定，但较大的同工薪酬差的长期存在，危害大，潜在风险也巨大。对此，我们要有清晰的认识。

### （一）歧视行为，激化矛盾

歧视是直接针对某个特殊群体成员的行为，它由偏见的认识和态度引起，是对人的某个缺陷、缺点、能力、出身以不平等的眼光对待，并会使之得到不同程度的损失的行为。国际劳工组织1958年通过的《消除就业和职业歧视公约》（第111号公约）中界定职业歧视是“基于种族、肤色、性别、宗教、政治见解、民族血统或社会出身的任何区别、排斥或优惠，其效果会取消或损害就业或职业机会均等或待遇平等”。所以，在职业中，各国的法律均禁止职业歧视。据此，我国用人单位中目前存在的较大同工薪酬差现象，涉及职业歧视，也有损劳动者的人格。

在一个单位里，存在正式工和合同工两种身份，劳动者被人为地划分为两个阶层，产生较大的同工薪酬差，自然会破坏劳动者之间和谐的关系，低报酬的劳动者往往产生抵触情绪，或对于社会的不认同，甚至会在不平衡心理的支配下，产生过激行为。因此，较大的同工薪酬差将成为社会矛盾激化的催化剂。

## （二）人心不稳，浪费资源

据调查，很多劳动者选择报酬低的临时合同工制工作，只是权宜之计，当熟悉某一方面的业务、积累一定的工作经验后，会择机重新选择职业。所以，在较大同工薪酬差的环境中，低报酬的劳动者不能安心工作，用人单位的工作效率也难以提高；而低报酬劳动者在熟悉业务后选择另就业，不利于一些连续性强的工作岗位开展工作，对用人单位更是有损，还会造成整个社会人力资源的极大浪费。

## （三）贫富分化，损害公平

在同一单位中，临时合同工、劳务派遣工的报酬只有正式工、编制工的50%～60%，这种较大的同工薪酬差长期存在，自然扩大贫富差距。同时，较大同工薪酬差的薪酬制度，让“公平正义”形同虚设，严重损害了社会的公平正义，妨碍社会的和谐。公平正义是社会和谐的重要条件，是人们对美好生活的向往和重要期盼。

## （四）按劳分配，共同富裕

《宪法》规定，国家在社会主义初级阶段，要坚持按劳分配为主体、多种分配方式并存的分配制度。中共十九届四中全会通过的《中共中央关于坚持和完善中国特色社会主义制度推进国家治理体系和治理能力现代化若干重大问题的决定》强调：“坚持多劳多得，着重保护劳动所得，增加劳动者特别是一线劳动者劳动报酬，提高劳动报酬在初次分配中的比重。”习近平总书记在党的二十大报告中指出：“分配制度是促进共同富裕的基础性制度。”共同富裕是中国特色社会主义的本质要求，是中国式现代化的重要特征。实现共同富裕，需要不断解放和发展生产力，提高劳动生产率，创造和积累更多的社会财富。把财富“蛋糕”做好做大，需要充分、广泛地调动社会各方面的积极性，促进社会高质量发展。但是，较大同工薪酬差的环境，不利于调动劳动者的积极性，不利于促进劳动生产率的提高。同时，也不能发挥分配制度的激励作用，既违背按劳分配的原则，又抑制低报酬者的积极性，影响劳动者创造与积累财富。所以，较大的同工薪酬差，影响共同富裕的进程，与共同富裕相背离。

## 五、完善法律，同工同酬

《人力资源服务》杂志2022年5月刊中，人力资源和社会保障部发布的《2021年度人力资源市场建设和人力资源服务业发展情况》显示：截至2021年底，全国共有各类人力资源服务机构5.91万家，从业人员103.15万人，全年营业总收入2.46万亿元，2021年，全行业为3.04亿人次劳动者提供了各类就业服务，为5099万家次用人单位提供了专业支持，其中为58.77万家用人单位提供劳务派遣服务，派遣人员1956.48万人；为116.33万家用人单位提供人力资源服务外包，外包人数2211.81万人；为189.1万家用人单位提供人力资源管理咨询。据此，至2021年底的劳务派遣和劳务外包用工总人数达4168.29万人，劳务派遣和劳务外包用工人数已达到全部用工总人数的14%，但劳务派遣和劳务外包员工与用人单位正式职工存在较大的同工薪酬差。

从社会调查看，民营企业的市场化程度较高，用工较为灵活，同工薪酬差问题相对而言没有那么突出。所以，在企业领域，管控化解国有企业的同工薪酬差是重点。事实上，管控化解国有企业同工薪酬差一直在不断地探索与尝试中。针对央企高管薪酬过高的问题，2009年9月16日，人力资源和社会保障部会同中央组织部、监察部、财政部、审计署和国务院国资委等单位联合下发了《关于进一步规范中央企业负责人薪酬管理的指导意见》，社会上称之为“央企高管限薪令”，以规范中央企业负责人的薪酬。2014年8月29日，中共中央政治局会议审议通过了《中央管理企业负责人薪酬制度改革方案》，该方案于2015年1月1日正式实施，改革后央企高管的薪酬结构由基本工资、绩效工资和三年兑现的任期激励绩效工资组成，并规定自2016年起高管退二线后取消绩效奖金。2015年8月24日，中共中央、国务院印发的《关于深化国有企业改革的指导意见》中明确指出，企业内部的薪酬分配权是企业的法定权利，由企业依法依规自主决定，完善既有激励又有约束、既讲效率又讲公平、既符合企业一般规律又体现国有企业特点的分配机制。此后，国有企业的薪酬问题得到进一步的规范。2020年6月30日，中央全面深化改革委员会第十四次会议审议通过了《国企改革三年行动方案（2020—2022年）》，进一步全面推动国有企业加强党的全面领导，完善基本经济制度，经济布局优化和结构调整等方面的各项改革。

新时代、新征程，我国已进入全面依法治国的新时期，在改革开放特定时期产生的同工薪酬差问题，理应通过完善法律来解决。如完善《劳动法》《劳动合同法》《公务员法》等法律，让劳动者在充分了解用人单位的劳动条件、劳动报酬情况下，平等签订劳动合同。完善《公司法》等法律，健全公司内部管理机制，对国有独资或控股企业，强化外派董事、独立董事的法律地位与职责，发挥董事会的监督作用，使得国有企业的内部管理机制能够充分发挥“保障股东的权益，强化董事会的职能，发挥内控机构的功能，尊重利害关系人的权益，提高信息的透明度”的作用。完善个人所得税税收法律，应用大数据加强个人所得税的征收管理，充分发挥税收调节个人高收入的作用等。

## 六、几点启示

“法律无形，终身相伴”，笔者认为，同工薪酬差的问题，必须引起社会各界的高度重视。通过以上分析，我们可以得到以下几点启示。

### （一）对各用人单位而言

#### 1.正视现实，提高认识

对普遍存在的较大同工薪酬差现状，社会各界要面对这个现实，正视这个现实；对其危害性，更要有清醒的认识。较大的同工薪酬差，既是歧视行为，又是社会矛盾激化的催化剂，还违背公平正义，与按劳分配、共同富裕的精神相悖。所以，较大同工薪酬差不仅仅是劳动者的个人报酬问题，而且是重要的社会问题，也是影响中国式现代化的现实问题。对此，社会各界必须以高度的责任心、强烈的使命感，逐步把同工薪酬的大差距缩小。

### 2.与时俱进，科学定编

行政事业单位实行“定职能、定机构、定编制”的“三定”管理模式无可厚非，但从实际执行情况看，目前，“编制”是造成用工双轨制的主要因素。据此，在确定职能和机构的前提下，编制工作要适应新时代、新征程的要求，根据业务量的多少、发展趋势，及时进行科学合理的调整，以充分发挥人力资源价值，避免人力资源浪费。

### 3.提升合同工报酬，缩小同工薪酬差

目前，在双轨制的用工模式仍将较长时间存在的情况下，应根据财力水平与市场行情将合同工、派遣工的报酬适度提高。在新聘合同制人员时，适当提高薪酬标准，缩小其同正式工、编制内人员的薪酬差距。薪酬的多少，关系对劳动者的能力、技能和知识价值的认可问题。习近平总书记于2021年1月11日在省部级主要领导干部学习贯彻党的十九届五中全会精神专题研讨班开班式上指出：“实现共同富裕不仅是经济问题，而且是关系党的执政基础的重大政治问题。……我们决不能允许贫富差距越来越大、穷者愈穷富者愈富，决不能在富的人和穷的人之间出现一道不可逾越的鸿沟。……同时，这项工作也不能等，要自觉主动解决地区差距、城乡差距、收入差距等问题……”[①]

所以，提升几千万名合同工、劳务派遣工报酬，缩小他们与正式工之间的薪酬差距的重要性和紧迫性不言而喻。所有用人单位必须抓紧落实，展现勇于担当、不负使命的精神。

---

① 习近平：《习近平谈治国理政（第四卷）》，外文出版社，2022，第171页。

## （二）对劳动者而言

### 1.掌握市场行情，求得合理报酬

人力资源，归根到底是市场经济的一个重要因素，最终是由市场来调节的。据此，对广大的劳动者而言，在充分评估自身的能力、技能和知识水平后，及时了解用人单位的薪酬水平，签订一份符合自己预期的劳动合同，以法律形式来保障自己的权益，才是明智的选择。

### 2.做好本职工作，体现劳动价值

劳动者发现自己的薪酬存在较大的同工薪酬差时，首先要检查自己的工作效率、劳动效果、服务质量等。其次要努力提高自己的技能、服务水平、工作成效，以取得更多、更好的劳动成果，这才有资本争取获得更高的劳动报酬。

### 3.立足眼前，注重长远

对体制内的合同工、劳务派遣工等劳动者来说，面对受政策的硬性条件限制，用人单位难以一时解决同工薪酬差的问题的情况，需要立足眼前，更要注重长远。如果劳动者端正心态，努力工作，做出成绩，今后用人单位如有用工编制或指标，就有机会落到自己身上，那样，个人就彻底解决了同工薪酬差的问题。

总之，同工不同酬违法，同工薪酬差客观存在。通过深化改革，完善法律，同工薪酬差的问题一定会得到解决。这是中国式现代化的必然要求。

# 第十三章　利是钱父母用，行不行？

很多父母都会碰到一个敏感而又困惑的问题——子女的利是钱（即压岁钱）如何管理与使用。对此，笔者接触到一起小孩利是钱之争的案例，引发我对小孩利是钱的使用、管理与“法律无形，终身相伴”等问题的一些思考。

## 一、派发利是，传统文化

利是钱在很多地方叫做压岁钱，广东人习惯把它称为利是。除夕时，长辈会给未成家的晚辈派利是。而后延伸：一是在春节期间亲朋好友相聚时，长辈会给小孩派利是，包括长辈之间相互给对方的小孩派利是；二是在小孩的生日时，长辈也会给小孩派利是；三是在春节期间，成年的晚辈也会给年老的长辈派利是。这个派利是的风俗，在全国各地均有。利是金额的多少，没有统一的标准，视派利是者的经济情况而定，经济条件许可的会多派，经济条件一般的会少派，但总体随着人们生活水平的提高而提高。如在20世纪80年代，春节期间长辈给小孩派利是一般每人次是一二十元，而今上升到每人次几百元，富裕人家每人次或有几千元甚至更多。另外，广东还有一个习俗，春节后开工（第一天上班）时，已成家的员工会给未成家的员工派利是，这个利是金额则是一二十元或再多一点，追求一个好兆头。

## 二、夫妻议离婚，利是钱之争

2020年冬，H公司的会计阿丽将与丈夫阿成和平分手，离婚协议已商定，2个孩子由阿成抚养，阿丽负担抚养费。可此时，阿成的父母向阿丽追收孙子、孙女的利是钱，分别为16万元和8万元，共24万元。对此，阿丽有点气愤，认为阿成的父母有点过分，于是前来咨询笔者的建议。

情况是这样的，阿丽与阿成于2011年结婚，2012年他们的儿子文文出生，2016年他们的女儿媛媛出生。阿成和阿丽均是独生子女，他们的父母原在政府机关或事业单位工作，经济条件不错。所以，文文、媛媛出生后，每年的春节以及文文、媛媛的生日，爷爷奶奶、外公外婆都会给文文、媛媛派金额不小的利是，阿成和阿丽也会派利是给儿子和女儿。儿女的利是钱均由阿丽保管。现阿成和阿丽协议离婚，爷爷奶奶欲向阿丽追收文文8年和媛媛4年期间，每年按2万元计算的利是钱共24万元，并要求阿丽把这些利是钱交给阿成保管。

## 三、利是钱，谁的钱

对阿丽提出的问题，首先需从法律的角度弄清楚“利是钱究竟是属于谁的钱”，即这个利是钱的权属问题。

### （一）利是钱，小孩的钱

我们学会计专业、做会计工作的人都知道，原来的《企业会计制度》有一项“企业接受捐赠资产的会计处理”规定，即某企业收到他人无偿向其捐赠的资产，该资产属于接收捐赠的企业。同理，小孩收到的利是钱，应该是属于小孩的钱，即属于小孩的财产，父母只是代收代管而已。据此，就引发第二个问题：阿丽代管儿女的利是钱，至今，阿丽究竟收到了多少？使用了多少？有没有爷爷奶奶说的那么多？对此，阿丽说，她对文文、媛媛的利是钱都记了账，确实有这么多，也没有使用过。但如果扣减阿丽与朋友互相给小孩派利是派出去的金额，就没有爷爷奶奶所说的24万元，可能要少几万元。对此，我们商讨的意见是不应扣减。因为，阿丽给朋友的小孩派利是，是阿丽对朋友的小孩的一种自愿捐赠行为，不应扣减阿丽儿女接受他人的捐赠收入。

以上从会计的角度分析得出结论“利是钱，小孩的钱”，法律上是否有类似的规定呢？根据我国2021年1月1日实施的《民法典》第六百五十七条“赠与合同是赠与人将自己的财产无偿给予受赠人，受赠人表示接受赠与的合同”的规定，利是钱完全符合构成“赠与合同”的法律要素与条件，“派利是方”将自己拥有的合法财产无偿给“接受利是人”，只是他们的“赠与合同”是口头合同而已。所以，从现有法律的角度分析，利是钱就是小孩的钱，这个结论肯定是正确无误的。

### （二）利是钱他人用，不合法

明确了利是钱是小孩的钱，那父母随意挪用利是钱，或是使用利是钱却没有让小孩受益，均是与法律不相符的。因为，根据捐赠人的意愿，派利是给小孩，是给小孩使用或让小孩受益，使小孩获得健康成长的环境与条件等。父母随意挪用小孩的利是钱，是违背了利是派送人的意愿，是不合法的行为。

当然，如果有些家庭原来经济条件不错，长辈给了小孩较多的利是钱，后来，由于情况变化，家庭成员的生存条件都受到影响，此时动用小孩的利是钱是可以的，或是家庭发生突发事件，需要动用小孩的利是钱周转，今后再归还，也是可以的。总的原则是视情况而定，但需要充分发挥利是钱的最大效益，为小孩服务。从法律的角度分析，一般情况下，父母不能随意挪用小孩的利是钱，人们需要有这样的意识与观念。

## 四、专户存储，利己利国

现已明确利是钱是小孩的钱，那么，怎样对利是钱应进行管理才能更好地确保这笔资金的安全并使其发挥更大的社会效益呢？

## （一）实名存储，合理合法

阿丽接着又提出，现在文文、嫒嫒的利是钱由她代管，爷爷奶奶不放心，但将这20多万元属于儿女的利是钱交给阿成或爷爷奶奶代管，阿丽也不放心，那怎么可确保他们也不随意使用这笔利是钱呢？据此，我们还是从法律的角度来解释说明。阿丽与阿成离婚后，确定文文、嫒嫒由阿成抚养，文文、嫒嫒在满十八周岁前，阿成是他们的法定监护人，保护文文、嫒嫒的人身权利、财产权利以及其他合法权益是阿成的法定职责。但根据《民法典》第一千零八十四条的规定，阿丽与阿成离婚后，阿丽对子女仍有抚养、教育、保护的权利和义务。据此，为了确保文文、嫒嫒的利是钱不被他人挪用，建议阿丽与阿成及文文、嫒嫒的爷爷奶奶商定，以文文、嫒嫒的名义在金融机构开立银行账户（银行卡），把文文、嫒嫒的利是钱全部以定期存款形式存在银行中，银行卡由阿成保管，阿丽则随时可查询银行卡金额变动。同时商定，今后文文、嫒嫒在成年之前收到的所有利是钱，均存入文文、嫒嫒的银行卡中。待文文、嫒嫒成年时，将此银行卡的所有利是钱，全部交由文文、嫒嫒自己管理，这样，可确保文文、嫒嫒利是钱的安全与完整。最终，阿丽与阿成及文文、嫒嫒的爷爷奶奶达成了以上协议。至此，一起夫妻议离婚、利是钱之争的家庭纠纷得到圆满解决。

## （二）社会资本，潜力巨大

全国小孩的利是钱有多少？我尚未见到权威机构的调查或测算报告。在此，我们可以估算一下，我国2010—2019年十年出生16306万人，2020—2022年出生1200万人、1062万人和956万人，这13年平均每年出生1501.85万人。按2022年我国城镇化率将达到65.22%[①]测算，目前城镇的小孩12753.12万人。以每位城镇小孩每年收到利是钱1100元估算，那么至2022年底，2010—2022年出生的城镇小孩累积利是钱总额约1.045万亿元（表13-1）。1.045万亿元是什么概念：占2022年末我国人民币普惠金融领域贷款余额32.14万亿元的3.25%。十多年前，金融机构逐步开设了小孩实名开

① 数据来自国家统计局《中华人民共和国2022年国民经济和社会发展统计公报》。

户存款业务，或“小孩+父母”实名开户存款业务，小孩名下的存款资金来源，主要是利是钱收入。看似一种很平常的利是钱习俗，成为一项重要的社会信贷资本来源。所以，正确引导民众对小孩利是钱依法进行实名存储，不仅利于保障利是钱的安全，而且对促进我国经济的高质量发展也有十分重要的意义。

表13-1　我国2010—2022年出生小孩累积利是钱测算表

| 年份 | 出生人数/万人 | 城镇出生人口/万人 | 持有利是年数 | 金额/万元 |
|---|---|---|---|---|
| 2010 | 1588 | 1035.69 | 13 | 14810367 |
| 2011 | 1604 | 1046.13 | 12 | 13808916 |
| 2012 | 1635 | 1066.35 | 11 | 12902835 |
| 2013 | 1640 | 1069.61 | 10 | 11765710 |
| 2014 | 1687 | 1100.26 | 9 | 10892574 |
| 2015 | 1655 | 1079.39 | 8 | 9498632 |
| 2016 | 1786 | 1164.83 | 7 | 8969191 |
| 2017 | 1723 | 1123.74 | 6 | 7416684 |
| 2018 | 1523 | 993.30 | 5 | 5463150 |
| 2019 | 1465 | 955.47 | 4 | 4204068 |
| 2020 | 1200 | 782.64 | 3 | 2582712 |
| 2021 | 1062 | 692.64 | 2 | 1523808 |
| 2022 | 956 | 558.28 | 1 | 614108 |
| 合计 | 19524 | 12668.33 | | 104452755 |

注：至2022年底，2010—2022年出生的城镇小孩累积利是钱总额约1.045万亿元。出生人口不含港澳台人数。

## （三）大数据，防风险

可能有的民众会担忧，未成年的小孩在金融机构开立实名账户，把利是钱存入金融机构，是否会为贪污受贿、洗钱等的不法行为提供方便条件？其实，这个担心完全没有必要。纪检部门查处的贪污受贿腐败案件中，当事人大多数以现金交易，很少是通过金融机构转账来实施的。因为金融机构的“转账凭证”更容易成为犯罪的“铁证据”。当今是大数据时代，如果一个小孩在金融机构的账户突然冒出几百万元，一查资金流入来源，什么事情都清楚了。

另外，随着我国各项改革的深入，如果将来我国开征遗产税等，即使父母将现金等财产在去世之前直接存入小孩的账户内，或者将爷爷奶奶的现金遗产直接存入孙子孙女的账户内，税务部门正好通过审核小孩金融机构存款账户的收入情况核实遗产税缴纳情况，对准确核实应征的遗产税等提供了方便途径。所以，未成年的小孩在金融机构开立实名账户，把利是钱存入其中更有利于在大数据时代 防范其他风险的发生。

## 五、利是钱小，意义重大

民间传统文化，小小的利是钱，既影响到一亿多个小孩的眼前利益，也影响这些小孩的长远利益；既受到几亿父母的牵挂，也影响千万个家庭的和谐。利是钱，表面上是一个家庭的事情，实际涉及社会各个层面，甚至影响改革开放、经济建设与精神文明的各个层面。据此，用法律引导人们正确使用利是钱，规范利是钱的管理，对促进国家改革开放、经济建设、精神文明建设均有重要意义。笔者在此只是抛砖引玉，从法律的角度，对利是钱的使用与管理谈些个人的观点，希望对读者起到借鉴作用或有参考价值。

# 第十四章　带孙子计报酬，可以吗？

我妻子从事小学教育工作三十多年，2020年10月退休后，即“上岗”带孙子了。她时不时说“带孙子不如去上班”。由此，引发笔者对爷爷奶奶、外公外婆（以下简称“长辈”）带孙子孙女、外孙外孙女（以下简称“带孙子”）的社会现象与有关法律问题的思考。

## 一、长辈带孙子，目的与动力

小孩由长辈来带，小孩的父母是怎样想的？长辈的想法是什么呢？

### （一）小孩父母希望长辈带孙子

根据《中华人民共和国未成年人保护法》第二条的规定，“未满十八周岁的公民”为未成年人。《民法典》第二十条规定“不满八周岁的未成年人为无民事行为能力人，由其法定代理人代理实施民事法律行为”。根据小孩各个年龄段的生理、心理特征以及成长规律，人们将小孩按年龄划分为以下几个时期：孩子出生28天之内称为新生儿期，1～12个月称婴儿期，1～3周岁前为幼儿期，满3～6周岁属于学龄前期，6周岁以后进入学龄期，10周岁以后进入青春期。

根据《中华人民共和国义务教育法》第十一条“凡年满六周岁的儿童，其父母或者其他法定监护人应当送其入学接受并完成义务教育；条件不具备的地区的儿童，可以推迟到七周岁”的规定，一般情况下小孩满6周岁开始上学读书。据此，本章探讨长辈带孙子，特指带6周岁之前的小孩，超过6周岁的小孩，一般已上学读书，就不需要长辈花更多时间来照顾了。同时，带孙子的 “带”，是指照顾小孩的吃、住、穿、行、玩等日常生活，确保小孩子的安全，兼顾向小孩传授一些简单的日常生活知识等。那为什么现在的小孩父母都希望长辈来带孙子呢？据笔者了解，主要原因如下：

一是安全放心。长辈带孙子，带0~3周岁的幼儿是最辛苦的，3周岁后小孩上幼儿园了，就轻松一些。小孩父母希望长辈带孙子，一方面是因为长辈有带小孩的经验，可弥补他们带小孩经验的不足；另一方面是因为如果请保姆来带小孩，把0~3周岁的幼儿交给一个陌生人，小孩父母怎么能放心？自家的长辈则不同，自己就是长辈一手带大的，把自己的小孩交给长辈照顾，可以放心很多。

二是节约开支。请保姆带小孩，费用开支因各地的消费水平差别有所不同，但基本上需要花费一位普通职员所有的收入。而请长辈来带小孩，城镇的长辈有退休金，小孩父母一般也不需要另外支付报酬给长辈；对于农村的长辈，农活做多做少差别不是很明显，只留一位长辈在农村，对农村的家庭收入影响不大，小孩父母一般也不需向长辈支付报酬，只负责长辈的吃住，外加平时添置一些衣物等即可。这样，对小孩父母来说，请长辈来带孙子，能节约很大一笔开支。所以，从安全和经济的角度看，大多数小孩父母非常欢迎长辈来带孙子。

## （二）长辈情愿带孙子

出生于20世纪五六十年代的长辈，无论是城镇的退休人员，还是农村的老年人，如果身体条件许可，都很情愿带孙子。为什么呢？据笔者了解，主要出于如下原因：

一是减轻儿女经济负担。现在的年轻人，城镇的大部分是独生子女，农村的一般也是兄弟姐妹2人，少数是3人的，如今30岁左右，正是年富力强挣钱养家的时候，结婚并生了小孩后，经济压力都不小，或是供房、供车还贷，或是花钱送小孩上各种培训班。所以，城镇的退休长辈、农村的长辈愿意带孙子减轻儿女的经济负担。

二是精神享受。退休的长辈，刚从繁忙的工作岗位上退下来，往往会有一些失落感，需要一个适应过程。同时，人到六十岁，慢慢进入老年期，老人最怕的是寂寞孤独。对长辈来说，在带孙子的过程中，不仅冲淡了退休的失落感，而且还享受着子孙绕膝的天伦之乐，孙子成长带来的成就感，是一种非常难得、不可替代的精神享受。另外，你一直带着他们、同他们在一起，他们就同你亲密无间，能建立相依相赖的深厚感情。如果小孩由他人带着，长辈即使与其有血缘关系，两者也会如同陌生人一样，关系生疏，相互之间没有亲切感。俗话说“人老隔辈亲，爷奶疼小孙”，就是这个道理。所以，获得精神享受是长辈情愿带孙子的另一个重要原因。

三是情感寄托。我国自古以来就有“养儿防老，靠儿养老”的传统，虽然城镇退休人员有一定的经济基础，每月还有一定的退休金，但人老了难免会生病，需要他人帮助与照顾。当老年人行动不便时，能依靠谁呢？自然是自己的儿女。所以，长辈们觉得，退休后有时间，身体还行，帮儿女带好小孩就是帮自己，将来自己有需要儿女照顾时，儿女也会多尽一份孝心来照顾好自己。据此，带着这样一种感情寄托，很多长辈宁愿自己现在辛苦一点，也要尽力帮忙把孙子带好。

## 二、带孩子，有多累？

在小孩父母希望长辈带孙子，长辈也情愿带孙子的双向动力作用下，近几十年来，我国已形成一个不可忽视的带孙子“军团”，分布在全国各城镇与乡村，甚至国外一些城市。

### （一）庞大的带孙子“军团”

笔者2009年入住的新住宅小区，入住率比较高，有700多户人家，小区6周岁以下的小孩挺多，傍晚长辈们推着婴儿车、幼儿车，在小区的院子内散步；周末，一群群学龄前儿童穿着时尚的溜冰鞋，在小区的通道上往返自如地溜冰，形成一道亮丽的风景线。在我们的小区中，带孙子的长辈来自全国各地。这只是我们小区带孙子“军团”的情况，类似这样的带孙子

“军团”，全国有多少人呢？

根据国家统计局公布的数据，2017—2022年6年间出生的人口分别为1723万人、1523万人、1465万人、1200万人、1062万人和956万人，合计7929万人，按2022年末全国城镇化率65.22%测算，这6年出生的人口中，在城镇生活的有5171万人，假设在城镇生活的小孩80%由长辈来带（另20%是去除非长辈带或其他非1位长辈带1位小孩的因素），则至2022年底，在城镇中带孙子的长辈为4137万人，占全国2021年末离退休人员13157万人[①]的31%。也就是说，保守估计，全国有4137万人已成为带孙子的长辈，这真是一个庞大的“军团”。

## （二）带孩子，有多累

我妻子带孙子后，很快就融入我家住宅小区的带孙子“军团”，他们相互交流带孙子的经验、体会，分享带孙子的喜悦，诉说带孙子的艰辛。带孙子究竟有多累呢？可能要真带过孙子、有了亲身体会后，才能说得更清楚。据笔者观察，带孙子的累，概括起来，主要是如下几个方面：

一是心累。带孙子要把小孩时时放在心上，1岁之前的小孩不会说话，小孩哭时，要仔细观察，小孩为何哭，是衣服穿多了或少了，还是该换尿布了？当小孩会走路后，更要时时看着，一刻都不能让小孩离开自己的视线。一句话——带孙子心累。

二是身累。小孩不会走路但会认识人和物品时，不愿意待在家里，总闹着要到外面看风景，你需要抱着他们。当小孩学走路时，你得弯着腰、牵着他们一步半步地走，他们2岁左右时，又要骑扭扭车、三轮车，跑得比你快，你不追上他们又不行，累得你是腰酸背痛。

三是精神紧张，压力大。小孩是父母的宝贝，也是全家的宝贝。当让你这位长辈带小孩时，就把全家的宝贝交到你手上了，你怎么能让小孩有点闪失？小孩刚学走路时，摇摇晃晃不小心摔了一跤，或骑扭扭车撞到了头，你精神的紧张和心中的压力就不用说了。还有，小孩2岁多懂一点事后，如果什么事情不能满足他们的意愿，他们还会撒娇耍赖、号啕大哭，

① 以上数据来自国家统计局网站。

让你心烦意乱等。当然，总体上，长辈带孙子，虽然累但也心甘情愿，累中有乐趣、有幸福！

## 三、带孙子，可以计报酬吗？

带孙子是否计报酬是一个敏感而又现实的问题，也是有争议的问题。笔者从法律的角度，对此问题谈一点看法。

### （一）法律角度，孩子谁带

根据《民法典》第二十六条第一款“父母对未成年子女负有抚养、教育和保护的义务”，第一千零六十七条第一款“父母不履行抚养义务的，未成年子女或者不能独立生活的成年子女，有要求父母给付抚养费的权利”，以及第一千零七十四条第一款“有负担能力的祖父母、外祖父母，对于父母已经死亡或者父母无力抚养的未成年孙子女、外孙子女，有抚养的义务”的规定，抚养小孩是父母的法定责任和应尽义务；父母不履行抚养义务，小孩有权要求父母给付抚养费；只有当小孩的父母已经死亡或者父母没有抚养能力时，祖辈才需承担小孩的法定抚养责任。据此，小孩父母应负抚养小孩成长的主体责任，是小孩成长的第一责任人。长辈带孙子，只是帮助，承担次要的责任，即视长辈的条件而定，有条件则帮助带，没有条件不带也无可厚非。

### （二）可计报酬，可以不计

我们弄清了长辈、小孩父母和小孩三者之间的法律关系后，就容易说清楚长辈带孙子可不可以计报酬的问题。如果小孩父母请他人来带小孩，则小孩父母与他人形成一种劳务关系。据此，从法律角度来看，长辈与小孩父母都是独立行为能力人，长辈带孙子其实也是一种劳务关系，即长辈是提供劳务的一方（带孙子），孙子是受益方，得到长辈的服务而健康成长，小孩的父母是需要方，也就是服务购买方。因此，长辈带孙子，理论上是可以计报酬的，这是法理所在。

如前所述，无论是城镇退休长辈，还是来自农村的长辈，他们带孙子的目的是减轻小孩父母的负担，不是为了获得报酬，也就是说现实生活中，带孙子是可以不计付报酬的，这已是习以为常的事。所以，法律法理上“可以计报酬”，并不是“一定要计付报酬”。这样，长辈带孙子事件中，计不计付报酬的权力又交给了长辈与小孩父母。所以，一般情况下，长辈是不会向儿女开口要带孙子的报酬的，小孩的父母也会尊重现实的习惯做法，不会向长辈计付报酬。

## 四、认识与启示

通过以上对“带孙子，计报酬”问题的探讨，我有几点认识，并从中获得几点启示。

### （一）角色职责，和睦和谐

无论是城镇的长辈，还是农村的长辈带孙子，都会与小孩父母生活在一起，首先要明确各自的角色与定位。抚养小孩的第一责任人是小孩父母，在长辈带孙子过程中，主角是小孩父母，长辈只是帮忙的，是配角。其次是避免分歧与矛盾。由于年龄差距、经历不同等原因，在带孙子过程中，难免产生观念、生活习惯以及教育方法上的差别。对此，一方面，长辈在如何带好孙子的问题上，需多征求小孩父母的意见，尽量按他们的要求去做；另一方面，作为小孩的父母，需要认识到，虽然长辈很愿意带孙子，但不是非带孙子不可，长辈带孙子，是在帮自己的忙。据此，小孩父母要多尊重长辈、体谅长辈，多包容长辈的一些生活习惯与教育方法，即使某些方面做法有些欠妥，也应尽量耐心地多解释、引导，以理服人，让长辈心服口服。总之，在长辈带孙子过程中，长辈和小孩的父母，要找准各自的角色与定位，明确职责，端正态度。这样，才能达到长辈带孙子的预期效果，家庭才能和睦，社会才能和谐。

## （二）孙子带大，长辈纠结

据笔者的观察，比较现实的一个问题是，从农村到城市带孙子的长辈把孙子带大了，是回农村去生活，还是继续留在城市里？他们内心是非常矛盾与纠结的。我老家的一位亲戚阿燕，丈夫早逝，儿子争气，研究生毕业后，在某二线城市工作，成家生子，于是她去城里帮儿子带小孩。十年后，儿子的2个小孩均已上学读书，阿燕回到老家居住与生活。此时，阿燕年近七十岁，虽然不再下地干农活，但一段时间后整个人消瘦了许多，憔悴了一些。

对阿燕为什么要独自一人回到老家农村居住与生活，村民们不好过多追问，但不免有不少的猜想：可能阿燕觉得她的“历史使命”已完成了，或者她认为老家更自由自在，或者是因为落叶归根的思想，等等。笔者猜测，阿燕回到老家来生活的主要原因，是孙子孙女长大了，不需要她带了，她觉得自己还能自食其力，不想再增添儿子的负担。同时，对是否回老家来生活一事，阿燕也曾纠结过，或者是经过激烈的思想斗争。按人们的常规思维，城市的生活条件比农村好，阿燕年纪大了，同儿子在城里生活才是更合理、更好的选择。不过，我们可以想象，当阿燕离开她陪伴了三千多天的孙子孙女，离开那座她生活了十多年的熟悉的城市时，阿燕也会恋恋不舍。人心都是肉长的，当时阿燕的心情是复杂的，或是难以用语言来表达的，她带着不舍与无奈，或多或少有点忍痛割爱地回到了老家。

因此，笔者认为作为小孩的父母，在小孩长大后，不需要长辈过多照顾时，更需要好好地安顿好带孙子的长辈，赡养好长辈，让他们少些纠结，更好地安度晚年。

## （三）幼儿全托，理想现实

当前，有一种观点认为，为了扭转人口出生率下降的趋势，国家应实行0～3岁幼儿免费全托的政策，以减轻育儿成本，调动育龄夫妇生小孩的积极性。对此，笔者认为，且不说0～3岁幼儿全托需要国家承担多少成本，单说让幼儿过早离开父母，便是有损人性的做法。由幼儿全托这种模式培育的小孩，与父母亲人之间缺乏亲情，对“孝敬父母、尊老爱幼”更是无法建立概念，与发扬中华优秀传统文化相背离的。因此，笔者认为，让幼儿在父母身边生活和成长更符合人的本性、幼儿的天性、科学育儿的规律。对幼儿实行“父母为主，长辈为辅，家庭生活，健康成长”的育儿模式，更有利于幼儿的健康成长，更有利于继承和发扬中华优秀传统文化。当然，按市场运作模式，适量自费的全托育儿模式，还是可以进行尝试的，以满足不同群体的需求。但全托育儿模式，至少目前不应是我国育儿的主流模式，今后是否成为主流模式，还需要探索研究，得到实践的结论后再推广也不迟。

## （四）长辈带孙子，提高人口出生率

当前，我国出生人口已降至新中国成立以来的低位，人口出生率低已成为社会各界关注的焦点与热门话题。据此，国家早在2016年1月1日实行全面两孩政策，2021年5月31日实行三孩生育政策，但放宽生育政策至今，很多年轻夫妻，生了一胎或二胎，就不再生了。育龄夫妻不愿生小孩的因素很多，其中，没有人带小孩是个重要原因。为了促进育龄夫妇生小孩，提升人口出生率，各地采取了很多鼓励生育措施，但效果并不很显著。另外，国家拟实行延迟退休方案，原来女职工55岁可退休，退休后正好可以去带孙子。如果退休年龄延长5年，将进一步影响长辈带孙子，从而进一步影响年轻夫妻生小孩的计划。

长辈带孙子，“父母为主、长辈为辅”是人们长期以来习惯的、较为普遍的育儿模式，育龄妇女生育的最佳年龄是25～35岁，为了解决延迟退休造成长辈带孙子延期，从而影响育龄夫妇生小孩的积极性的问题，建立提高育龄妇女生育积极性的长效机制就显得特别重要。据此，笔者认为，可以考虑从以下方面完善法律法规：

一是对公职人员、国有企业的育龄妇女，生育一、二胎的给予3年及生三胎的给予4年的产假和带小孩的假期，在假期期间的年薪酬和社保费由单位支付和缴交，工龄照常计算。

二是对非公职人员、非国有企业的育龄妇女，鉴于这些育龄妇女会因为生小孩需暂停工作而缺乏生活经济来源、无法缴交社保费和医保费等，可考虑给予这些育龄妇女生育、带小孩期间生活补贴，如给予育龄妇女生育一、二胎3年假期，生三胎4年假期，并按其原缴交社保费所在地平均工资的80%给予生活补贴（由社保部门按月发放）。

如果实施以上方案，笔者认为，比直接给生小孩的夫妇发放现金奖励更具有长效性，可操作性更强，让育龄妇女能在最佳的生育年龄生育。给生小孩的育龄妇女每月发放生育补贴，可看作用延迟退休人员缴交的社保费来补助生育妇女。如此，可彻底解除育龄妇女生小孩的后顾之忧，真正做到“你生小孩国家养，多生小孩多贡献”，从而真正调动育龄夫妇生小孩的积极性，扭转我国人口出生率下降的局面。

## （五）法律与传统文化，相得益彰

社会在发展，时代在进步。法律只是明确了父母是抚养小孩的第一责任人，以及明确在父母没有抚养能力情况下，小孩应由谁抚养的问题。对长辈带孙子计付报酬的具体问题，法律不可能作出多么详细的规定。按照我国的传统文化和民间习俗，长辈带孙子是不计报酬的，如果长辈带孙子计报酬，这与长辈的初衷不符。因此，法律充分尊重传统文化，对长辈带孙子是否计付报酬问题，既没有明确应该，也没有明确不应该。根据我国司法实践，法律不禁止的，均是可以的，带孙子计报酬可以根据个人家庭情况决定以怎样的方式计、什么时候付。这样，充分体现我国法律的人性化，彰显法律的与时俱进、法律与传统文化的相得益彰。正因为有法律与传统文化的相辅相成，“长辈带孙子”这件人们生活中的普通事情才为促进众多小孩的健康成长，为维护广大家庭的和睦和社会的和谐，为促进我国人力资源高质量发展以及国家、民族的未来发挥了重要的作用。所以，社会各界要多关注“长辈带孙子”，更加重视“长辈带孙子”，让“长辈带孙子”发挥更大的作用。

## （六）报酬未付，情爱无价

按照人“记忆”的一般规律，成年人对自己3岁之前的事情，绝大多数只有一个模糊的概念或没有什么特别印象。也就是说小孩成年后，对自己3岁之前带自己的长辈模样，是没有过多深刻印象的，由此，对带自己的长辈也没有特别的感情，这是不可否认的现实。只有当自己为人父或为人母后，才逐渐地对“长辈带孙子”有了不同的认识，特别是自己成为带孙子的长辈时，这一感受更深了。

从法理上讲，长辈带孙子，可以计报酬，但实际上，没有几个长辈会收取这笔报酬。这是为什么呢？因为长辈带孙子是传统中国家庭亲情的充分体现，是大爱的表现。正是有了这种亲情，家庭才更和睦，社会才更加和谐。所以，长辈带孙子，付不付报酬，看似是件小事，可背后隐藏的亲情大爱，是无价之宝。

# 第十五章　姐弟一生，法律伴行

一宗“姐养弟长大、弟陪姐终老，道德与法律伴姐弟一生”的案例，让笔者感受颇深。由此，引发笔者对“法律无形，终身相伴”一些问题的思考。

## 一、父母身亡，姐遵遗嘱

阿兰于1961年5月出生在粤北山区，其父母均是山区的农民。1973年6月，阿兰的弟弟阿兵出生，这年7月阿兰从村小学毕业，之后就未再读书，在家帮助父母照顾弟弟、做家务或农活。天有不测风云，1979年秋，阿兵上小学后不久，阿兰父亲在上山砍木料时，发生意外，身负重伤，经抢救无效身亡。阿兰的母亲身体原本比较虚弱，在突然失去丈夫的沉重打击下一病不起，也于1979年冬带着遗憾与无奈撒手人寰。阿兰母亲在弥留之际，留给阿兰的一句话是一定要把弟弟阿兵抚养长大。阿兰怀着十分悲痛的心情处理完父母的后事后，无奈地挑起家庭的重担，肩负起既当爹又当娘的重任照顾阿兵，与阿兵相依为命。自1980年起，阿兰将父母承包的几亩良田继续承包下来，在农忙季节，请本村的叔伯、堂兄堂姐等人帮忙；在农闲时，阿兰起早贪黑养鸡、养鸭、种蔬菜，再把养的鸡、鸭和种的蔬菜拿到镇集市出售，换取生活费。在本村亲人的帮助和阿兰的不懈努力下，阿兰姐弟俩的生活逐步进入正轨，家庭经济条件与生活质量不比同村的村民差，阿兵也顺利地从初中毕业了。

## 二、南下打工，开启新生活

1988年7月，阿兵初中即将毕业时，他考虑：一是以自己的家庭条件，即使读完高中、考上大学，仅靠姐姐的支持也很艰难；二是不想再拖累姐姐了。所以，阿兵没有报考高中，初中毕业后，就回村帮助姐姐。对此，阿兰很不满意，但又无法说服阿兵，姐弟俩几个月来一直闹别扭。20世纪80年代开始，珠三角外资企业兴起，粤北山区的大批青年踊跃前去打工。据此，阿兵与阿兰商量，自己也想出去打工。阿兰考虑到，阿兵留在家里种地，虽然确实能帮上自己，但对阿兵来说，不是长久之计，也不是最好的选择，阿兵到外面去，说不定真能闯出另一个世界。而且同村大部分青年都出去打工了，因此阿兰支持阿兵出去打工。于是，1989年春节后，阿兵随同村的村民来到惠州的G凯制衣厂（化名）打工。G凯制衣厂是外资企业，是“两头在外”的外向型企业，即原材料大部分进口，产品全部出口，且产品订单、设计全部在境外，因此对产品的质量要求也比较高。阿兵来到G凯制衣厂，起初做仓库管理员，负责货物的清点、记录、收发、保管。阿兵由于文化水平较高，很快胜任仓库管理员的工作，也很快就熟悉了G凯制衣厂进料、发料流程。工厂领导看到阿兵比较机灵，也有悟性，于是于1990年春安排阿兵跟随师傅学习裁剪布料，做裁剪工。

1991年，阿兵看到姐姐一个人在老家务农很辛苦，就动员阿兰也出来打工。起初，阿兰不愿意，一是舍不得家里的农田、养的鸡鸭等，二是担心自己文化水平低，不能适应工作，三是担心难以适应外面的生活。后来，经阿兵再三劝说，阿兰考虑到出来打工能与阿兵一起工作和生活，姐弟俩相互有个照应，适应起来也容易。于是，阿兰同意出来打工，于1991年秋也来到G凯制衣厂打工。此时，G凯制衣厂生产规模扩大，员工增加，工厂食堂需增加人手，厂里考虑到阿兰已三十岁，安排在生产线做车工一时难以上手，所以就把阿兰安排在工厂的食堂帮厨。至此，姐弟俩一起在惠州开启了打工的新生活。

## 三、弟喜结良缘，姐孤身一人

几年后，经几番周折，弟弟阿兵喜结良缘，而姐姐阿兰仍孤身一人。

### （一）弟喜结良缘

阿兰、阿兵姐弟俩在G凯制衣厂打工一晃就是七八年，阿兵也成为厂里熟练的裁剪师傅。1999年深秋，阿兵与厂里的会计阿英喜结良缘。

阿英来自湖南乡下，1976年出生，家里除父母外，还有一个哥哥已结婚成家。阿英1996年财会中专毕业后，应聘来到G凯制衣厂任会计。G凯制衣厂原会计工作是由一位退休的老会计兼任，老会计对“两头在外”的经济业务不太熟悉，导致G凯制衣厂的会计核算不规范，会计基础工作较薄弱。随着业务的发展，G凯制衣厂管理层意识到需要加强企业财务会计工作，因此，把阿英聘为工厂的会计。鉴于阿英刚从学校毕业，缺乏实际工作经验，G凯制衣厂同时聘请正大所指导阿英的工作。我们与阿英在两年的共同努力下，使G凯制衣厂财务会计的各项工作逐渐走向规范。这样，我们与阿英及工厂的出纳员等相关人员也渐渐熟悉，后来成了好朋友。所以，以上阿兰、阿兵的情况也是在与他们交流沟通中逐渐知晓的。另外，在阿兵与阿英的婚姻上，我们也起到了参谋、促成的作用。

1998年，阿英的父母对阿英与阿兵谈恋爱持反对的态度，阿英也有些犹豫不决。主要原因是，他们认为阿兵的户口在粤北山区，将来生的小孩难以在惠州落户，小孩读书会比较困难。当时，户口的迁移，特别是农村户口迁入城市的限制条件比较多，所以，人们把户口看成非常重要的事情。针对他们担心的问题，我们劝说阿英：第一，结婚主要是男女双方的事情，组成一个家庭，关键在于夫妻二人是否有共同的理想，共同的奋斗目标，共同的人生追求。根据厂里员工的反映，阿兵确实是不错的青年，为人诚实，自进入工厂以来一直努力工作，这些大家都有目共睹，对阿英来说，阿兵是个可以托付终身的人。至于户口和今后小孩读书的情况，目前，很多外来工的小孩都能在民办学校读书，我们建议不要把此问题看得太重。第二，从长远看，阿兵有技术，阿英也不用担心自己的工作问题，所以，阿英与阿兵组成的小家庭会很幸福。第三，阿英与阿兵均从外地来到惠州，所以我们建议他们先买好房子再结婚，这样结婚后才有家的样子。估计是我们的这些话让阿英下定了决心，阿英也说服了她父母同意了阿英与阿兵的婚事。

## （二）姐孤身一人

1999年国庆节，阿英与阿兵在惠州举行了简单而庄重的婚礼，我们作为阿英的朋友出席了他们的婚礼。在婚礼上，大家都看到阿兰眼眶里充盈着的泪水，可以想象到这泪水隐含着阿兰多少难以用语言表达的情感，除了激动、高兴之外，还有几点：一是阿兰可以告慰早逝的父母，她已完成了父母的重托，把弟弟抚养成人，父母的在天之灵可以安息了。二是阿兰二十年来的付出没有白费。为了这个弟弟，阿兰确实付出了太多，据说为了阿兵与阿英的婚房，她把自己多年的积蓄都拿给了阿兵。三是祝福弟弟、弟媳一生幸福，白头到老。四是对自己婚姻感到心酸与无奈。

据阿兵与阿英介绍，20世纪80年代初，在阿兰二十来岁时，粤北老家曾有亲人给阿兰介绍过对象，但阿兰以弟弟还小、需照顾弟弟为由拒绝了。当时阿兵太小了，阿兰确实没有做好结婚的准备。后来，周边村民都知道阿兰带着一个弟弟的情况，给阿兰介绍对象的人也就少了，就这样阿兰错过了最佳的结婚时间。而后阿兰在老家一晃七八年，待到阿兵初中毕业出来打工后，准备考虑自己的婚姻大事时，已近三十岁，在当地就更难找到合适的结婚对象了。1991年阿兰来到惠州，但制衣厂绝大多数是女工，少有与阿兰年龄相仿的男青年。此后，也曾有老乡为阿兰介绍一位二婚的男士，但对方的年龄比阿兰大十几岁，还带着两个小孩，阿兰得知情况后没有与男方见面就拒绝了。估计是十多年来既当爹又当娘的照顾弟弟的生活已让她心累了，再要她去担起照顾继子、继女的重担，她确实难再有之前的勇气与信心。因此，阿兰的婚姻就这样一直没着落。所以，知情人都非常理解阿兰在弟弟婚礼上的心情，这样一位胜过母亲的大姐，值得人们敬重。

## 四、弟报姐恩，恩情永远

常言道患难见真情，日久见人心。阿兰、阿兵自小患难与共、相依相伴建立起来的感情，对阿兰或阿兵来说，是永远值得珍惜的。

### （一）欲报姐恩，弟媳困惑

阿兵、阿英夫妇与阿兰一直在G凯制衣厂工作，阿兵成为裁剪师傅后，其工资收入得到较大幅度的提高。阿英的两个孩子分别于2001年和2003年出生，由阿英的母亲照顾。转眼到了2005年秋，阿兵考虑到阿兰仍单身一人，近几年惠州的商品房价格也不断上涨。阿兵与阿英商量，打算把阿兰资助他们结婚买房的钱还给阿兰，再资助一些钱帮阿兰买一套住房，以解决阿兰的后顾之忧。对此，阿英感到困惑：当时阿兰给他们钱结婚买房，并没有说要他们还给她；阿兰现在单身一人，吃住在工厂，也不需要房屋住，而将来他们的两个小孩读书还要花很多钱。所以，阿英认为阿兵没有必要主动提出还钱给阿兰，更没有必要资助阿兰买房。

对于阿英的困惑，我们这样对她解释：一是我们要理解并尊重阿兵在6岁失去双亲、与阿兰在乡下相依为命，阿兵由阿兰抚养长大，与阿兰形成的感情，对阿兵来说这种感情是永远不能割舍的，是用金钱难以买得到的；二是按目前的情况，阿兰什么时候能结婚成家很难说，为解决阿兰的后顾之忧，作为弟弟的阿兵这样考虑是应该的；三是从房地产市场分析，现在买房划得来。20世纪90年代末期，国家取消实物分房政策，实行商品房按揭销售的新政策，造成2000—2005年房价的不断上涨，1998年阿兵与阿英买结婚房时，房价每平方米才1600多元，到2005年时，惠州的商品房价格已涨到每平方米近3000元了。我们估计房价的上涨趋势短时间不会改变，所以建议阿英支持阿兵为阿兰买套房子的决定。

### （二）解开疙瘩，幸福美满

经我们这样一点拨，阿英心里的疙瘩全解开了。于是，2005年秋，阿兰在阿英与阿兵家附近小区买了一套60多平方米的小户型住房，阿兵与阿英帮助阿兰支付了房子50%的首付款（其余房款由阿兰去银行办按揭手续），以表示对阿兰的感激之情。我们可以想象阿兰拿到这套住房钥匙时的心情。有了这套房子，阿兰那飘荡的心更踏实了；有了这套房子，虽然阿兰还是单身一人，但她肯定有了家的感觉；有了这套房子，阿兰看到弟弟、弟媳真长大了，她可以完全放心，不需要再为他们操心了；有了这套房子，阿兰感觉自己之前的所有付出，都是值得的。总之，有了这套房子，阿兰肯定有满满的幸福感。

## 五、天伦之乐，值得期待

转眼到了2008年，在世界金融危机的冲击下，G凯制衣厂同其他外向型企业一样，订单越来越少，业务受到较大的影响。2009年冬，G凯制衣厂投资方决定将工厂停产转入清算。工厂进入清算程序后，阿英、阿兰留下来协助投资方处理工厂的清算事务，阿兵则在另一家制衣厂找到了新的工作。根据我国2008年实施的《劳动合同法》中的“每满一年支付一个月工资的标准向劳动者支付”的规定，经清算，阿兵、阿英、阿兰均获得一笔金额不小的补偿金，这让他们感到有点意外。到2010年6月，G凯制衣厂的所有清算工作结束后，阿英受聘到另一家企业继续从事会计工作。阿兰享受了11个月的下岗补助后，2011年5月，阿兰50岁，符合“缴交社保费达到15年以上的工人可办理退休手续”的条件，于是，阿兰办妥退休手续，每个月可领取一笔退休金。退休后，阿兰应聘到一家物业公司做保洁。

笔者最近遇见阿英是2023年5月，从交谈中了解到，她的儿子正在读大学，明年将大学毕业，计划去考研究生。她的女儿也在去年考上了大学，读的是师范学校，将来准备去当老师。目前，阿英与阿兵都还不到退休年龄，仍在上班，阿兰在2021年60岁时便不再工作了。我好奇地问阿英：“阿兰后来结婚了吗？”阿英说：“阿兰自己说不结婚了，一辈子就这样过也很好。”目前，阿兰会给阿英与阿兵做家务，平时3人一起吃饭，阿英的侄子、侄女（即阿英哥哥的子女）大学毕业后，也计划来惠州工作，这样周末或节假日就可以回来小聚。我还向阿英提出敏感的问题：“那将来你们需要为阿兰养老送终吗？”阿英不假思索地说：“那是必须的啊，我和阿兵永远不会忘记这位大姐，我儿子、女儿也永远感激这位姑姑。”我没想到阿英回答得如此干脆利落。从与阿英的谈话中，我们可以感受到：阿英与阿兵对将要给姐姐养老送终一事，应该已认真商量，并形成了统一的意见，已有充分的思想准备。阿兰对自己的婚姻也没有什么遗憾，对自己的老年生活充满了信心与期待，丝毫没有三十多年前离开老家出来打工时的那种担忧与迷茫。这充分说明，阿兰、阿兵和阿英目前的生活环境与条件给了他们的信心、勇气和底气。

## 六、法律伴行，几点启示

对“阿兰养阿兵长大，阿兵陪阿兰终老”，人们更多的是从道德的层面与角度来观察、评价阿兰、阿兵的行为。我们从“法律无形，终身相伴”的角度来观察、评价阿兰、阿兵及阿英，有如下几点启示。

### （一）法律规定，兄弟姐妹负有相互扶养义务

对兄弟姐妹负有相互扶养义务，我国法律早已有明确的规定。我国现行的《民法典》第一千零七十五条中规定：“有负担能力的兄、姐，对于父母已经死亡或者父母无力抚养的未成年弟、妹，有扶养的义务。由兄、姐扶养长大的有负担能力的弟、妹，对于缺乏劳动能力又缺乏生活来源的兄、姐，有扶养的义务。”而在我国于2001年实施的《婚姻法》第二十九条也有同样的规定。将“兄弟姐妹负有相互扶养义务”这样单独、清晰地列入法律条款，说明我国法律已越来越完善。法律这样的规定，确保了未成年人的健康成长，确保了老人的安度晚年。

### （二）法律支持的，也是社会道德要求的

1979年，阿兰决定扶养6岁的弟弟阿兵时，可以肯定完全是出于道德角度来考虑的。因为“兄弟姐妹负有相互扶养义务”的法律规定，首次出现是在2001年的《婚姻法》中。同时，即使2001年的《婚姻法》及后来的

《民法典》中单独作出这样明确的规定，直至今天，估计有很多民众尚不清楚这样的法律条款，对阿兰扶养弟弟的行为，人们更多的是从社会道德角度来观察、评价阿兰。所以，现在我们回过头来把阿兰的行为与《婚姻法》或《民法典》的规定相对照，可清楚地看到：是法律支持的，也是社会道德要求的。

但法律没有明确要求的，社会道德亦有要求。如阿兰资助阿兵与阿英买婚房，而后，阿兵与阿英反过来资助阿兰买房。这些法律是没有明确规定的。在社会道德规范上，阿兰资助阿兵与阿英买婚房，彰显了阿兰的担当与奉献。阿兵、阿英反过来资助阿兰买房，又显示了阿兵与阿英的知恩图报。这些，都是值得称赞的社会道德。

## （三）遵守法律，自由生活

法律就是规矩，是全国人民必须共同遵守的国家规矩。在一部分的人们心中，规矩是限制人身自由与约束人们生活的。在阿兰、阿兵和阿英的人生中，按他们自己的说法，他们确实不太清楚那么多的法律，也没感觉有哪些法律限制了他们的自由，束缚了他们生活。他们有这样的感受，是因为法律无形，是因为他们遵守了法律。对遵守法律、遵循社会道德的民众而言，一生中确实不会有多少由法律来约束行为，或者需要法律来维护其权益的事情发生。在阿兰、阿兵和阿英的生活中，比较重大的会涉及法律的事情如下：购买房子时，买卖双方均需遵守法律；来到工厂打工，工厂对员工的工资、社保费、清算时的补偿金等依法办理。所以，法律是限制、约束不守法的人，对遵纪守法、遵循社会道德的广大民众而言，法律是不限制、不约束的。如果广大民众遵守了法律、遵循了社会道德，社会矛盾自然也会少，社会就会更和谐，人们就有更强的幸福感。

## （四）法律不断完善，保障幸福生活

阿兰、阿兵、阿英三十多年的生活，充分体现了我国法律在不断地完善，广大民众的幸福生活越来越受到法律的保护。这正是依法治国、法治社会建设成果的体现。

2010年6月G凯制衣厂清算后，阿兰、阿兵、阿英均获得一笔金额不小的补偿金，这正是2008年实施《劳动合同法》的结果。十多年前他们进入G凯制衣厂工作时，他们怎么会想到离开工厂时，还可以拿一笔数额不小的补偿金？2011年5月50岁的阿兰办理退休手续，从此可以每月领取一笔退休金。二十年前，阿兰在粤北山区老家考虑是否出来打工时，绝对没有想到二十年后国家会发退休金，让她享受晚年生活，自己可以真正同城里人一样。还有阿英与阿兵结婚前的顾虑，当时阿英父母最担心的户口问题现在来看，除一线特大城市的入户受到一定的限制外，像惠州这种二三线城市的入户在全国早就不是什么问题了。所以，人们完全可以充分相信，时代在前进，社会在发展，法律一定会与时俱进，随着依法治国的深入推进，法律必定是广大民众美好生活愈加可靠的保障。

# 第十六章 遵守法律，成就高质量发展

在笔者服务二三十年的一批老客户中，M盛公司原来是年营业收入仅有几十万元的微型企业，经过7年的时间成长为年营业收入超2000万元的中型企业[①]，不到20年的时间实现年营业收入达3个多亿。据此，引发笔者对M盛公司快速成长与“法律无形，终身相伴；恪守法律，成功前提；违犯法律，自毁人生”等一些问题的思考。

## 一、公司成立，一叶小舟

人们常常把法兰西第一帝国皇帝拿破仑所说的“不想当将军的士兵，不是好士兵”引用到现代职场上，用“不想做老板的员工，不是好员工”来激励员工。其实，这句话是有逻辑错误的，不想当将军的士兵也有好士兵，不想做老板的员工也有好员工。但不可否认，这句存在逻辑错误的话，还真对一些员工起到不小的“误导”作用，有的后来真把自己磨炼成了很成功的老板。M盛公司的老板D先生与Z先生就是这种老板的典型。

### （一）年轻人，做老板

D先生20世纪80年代初从某大学毕业，在内地国企工作了几年。20世

① 根据国家统计局2017年12月28日印发的《统计上大中小微型企业划分办法（2017）》，工业企业从业人员小于20人，或年营业收入小于300万元的，为微型企业；从业人员大于或等于20人而小于300人，同时年营业收入大于或等于300万元、小于2000万元的，为小型企业；从业人员大于或等于300人而小于1000人，同时年营业收入大于或等于2000万元、小于40000万元的，为中型企业。

纪90年代初，在改革开放政策的引领和经济发展大潮的推动下，D先生怀着满腔热情南下来到惠州这块热土，在某外资电子公司从事工程技术工作。Z先生大学学的是市场营销专业，毕业后应聘到D先生所在公司从事市场营销工作。因有共同的理想和相同的爱好，D先生与Z先生成了知心朋友。经几年的实践，D先生的专业技术水平有了较大幅度提升，也积累了相应的工作经验，Z先生对市场行情也逐渐熟悉。因此，两位年轻人怀着初生牛犊不怕虎的精神，带着梦想与希望，于1996年9月离开所任职的外企，自己开公司做老板。1996年10月底，经1个多月的筹备，由D先生与Z先生共同出资设立的M盛公司正式成立。M盛公司注册资本50万元，其中：D先生出资30万元，占60%；Z先生出资20万元，占40%。M盛公司在工业区内承租了300平方米的厂房，作为公司的生产车间与办公场所，招聘了10来名员工。这样，M盛公司就算正式开业了。

### （二）茫茫大海，一叶小舟

M盛公司就像大海中的一叶小舟。这条小舟在市场经济的茫茫大海中，能航行多远，能否经受得起狂风暴雨的冲击，能否避开惊涛骇浪胜利地驶向理想主义彼岸，都尚未可知。此时，D先生与Z先生，心中均没有底。他们凭着敢拼敢闯的勇气，小心翼翼驾驶着这条小舟，勇往直前，除此之外，别无选择。

## 二、开业一年，本金亏完

俗话说“不当家不知柴米贵，不养儿不知父母恩”。D先生与Z先生开了公司当老板，不知令多少同龄人羡慕。可自从做了老板后，他们才真正体会到做老板的艰辛。俗话说“万事开头难”，M盛公司的开头，让D先生与Z先生焦头烂额、狼狈不堪。

### （一）第一笔订单，两千元生意

M盛公司开业了，公司电子元器件的样品、设计图也有了，可是得到客户的认可，让客户下订单，还真没有那么容易，这是D先生与Z先生没有预料到的。起初，D先生与Z先生带领设计人员与营销人员，拿着公司的样品、设计图，找到客户一遍遍推销介绍，陈述M盛公司的产品优点，表示可以根据客户需要及时调整设计，进行产品更新，优化产品结构、降低成本等。但当客户询问M盛公司是什么时候成立的、有哪些企业使用M盛公司的产品、M盛公司产品的质量如何、经过哪个部门认证等一系列问题时，他们都无法给予令客户比较满意的答案。

在M盛公司营销人员的不懈努力下，1997年2月，终于有一家客户抱着试试看的心态，愿意采购M盛公司价值2000元的电子元器件产品。这让M盛公司的D先生与Z先生感到欢欣鼓舞，这份价值2000元的订单虽小，但它是M盛公司成立以来的第一份订单，更重要的是它标志着M盛公司正式参与市场竞争，接受市场挑战。所以，M盛公司人的心中将永远铭记这份订单。

### （二）本金亏完，借钱度日

1997年初，虽然M盛公司承接到首个2000元订单，但由于M盛公司的产品尚未得到有关部门认证，很多客户不敢大批量使用他们的产品，大多数客户只是拿少量产品尝试。面对这种情况，M盛公司将首批产品提请CQC[①]等机构进行认证申请。所以，1997年的年终决算下来，M盛公司的营业收入只有60万元，扣除成本、厂房租金、员工工资，全年亏损近50万元，也就是当初D先生和Z先生投入的50万元本金，在公司开业一年后全部亏损完了，这是D先生和Z先生没有预想到的。1996年10月，为了M盛公司能顺利开业，他们还向亲友与家人借了一部分钱才筹齐M盛公司50万元的注册资本，现在，一年就把本金亏完了，真有点无法面对江东父老。但公司还得经营下去，还得向员工发放工资。不得已，D先生和Z先生再次向朋友借钱来维护公司的正常运转。

不过，对于M盛公司来说，1997年还是取得了可喜的成绩：电子元器

① CQC为中国质量认证中心，获得CQC产品认证证书，加贴CQC产品认证标志就意味着该产品被国家级认证机构认证为安全的、符合国家相应的质量标准的产品。2002年5月1日起，改为现在的中国强制认证CCC认证。

件产品于1997年11月通过CQC认证。同时，提请的EMC认证[①]也已被受理。

## 三、跨越式发展，二十年辉煌

俗话说“苦尽甘来终有时，一路向阳待花期”。M盛公司在经历了1997年的艰难日子后，在1998年一开始就迎来了转机，而后，实现了二十年的跨越式发展，取得了傲人的辉煌。

### （一）扬帆启航，行业黑马

一批客户在1997年试用了M盛公司产品后，切实看到了M盛公司产品的可靠质量，享受到M盛公司的优质服务。M盛公司产品的性价比确实较高，同时，又获得相关部门的质量认证，因此，很多客户加大对M盛公司产品的采购量。据此，1998年M盛公司不断招聘新员工，不断进行员工培训，不断扩大产能，公司全年处于满负荷生产状态。年终财务决算业务总收入达到290万元，是1997年的4.8倍左右。1998年，业务收入打了个翻身仗，大大增强与坚定了D先生与Z先生做好老板的信心。不过，由于各项费用开支较大，M盛公司当年只是实现微利，盈利水平不高。但不管怎么样，业务收入的大幅度增长，说明市场对M盛公司及其产品有了认可，M盛公司这条小船，已真正扬帆启航了。

沿着1998年的良好势头，1998年后，M盛公司就像脱了缰绳的野马，业务快速发展，生产规模快速扩大，取得了良好的经济效益。

表16-1是M盛公司1997—2006年十年的营业收入（万元）、员工人数与对应的企业类别情况。

---

① EMC认证是指欧盟强制性电磁兼容标准，EMC要求所有销往欧洲的电器产品基本体所产生的电磁干扰（EMI）不得超过一定的标准，以免影响其他产品的正常运作，是所有销往欧洲市场的电器产品的通行证，亦将在我国强制推行，对于产品占据国际市场具有重大意义。

表16-1 M盛公司1997—2006年经营情况

| 年份 | 营业收入（万元） | 员工人数（人） | 企业类别 |
| --- | --- | --- | --- |
| 1997 | 60 | 32 | 微型企业 |
| 1998 | 290 | 80 | 微型企业 |
| 1999 | 720 | 110 | 小型企业 |
| 2000 | 1300 | 160 | 小型企业 |
| 2001 | 1800 | 210 | 小型企业 |
| 2002 | 2400 | 260 | 小型企业 |
| 2003 | 3200 | 310 | 中型企业 |
| 2004 | 4100 | 380 | 中型企业 |
| 2005 | 5100 | 440 | 中型企业 |
| 2006 | 6200 | 480 | 中型企业 |

从上表中可以看出：M盛公司从1997年获得第一笔生意开始，经历过2年的微型企业、4年的小型企业后，于2003年达到中型企业的标准。M盛公司在十年间实现了跨越式的发展，这是D先生与Z先生没有预想到的。

## （二）屡创佳绩，二十年辉煌

### 1.认定高新企业，申请用地建厂

2007—2011年的5年间，M盛公司仍然保持着高速成长的势头。2008年新企业所得税法实施后，M盛公司被认定为省科技、省财政和省税务部门核准的第一批“高新技术企业”，享受到包括税收等更多的优惠政策。至2011年，M盛公司营业收入突破1亿元，员工人数超过700人，公司跻身为工业园的纳税大户。鉴于M盛公司的生产经营已达到一定的规模，租用的厂房会制约公司的进一步发展，因此，2012年初，M盛公司制订“兴建厂房、增资扩产”计划，并向政府提出购地建厂的申请。

### 2.新建厂房竣工，拓展发展空间

政府审查M盛公司增资扩产计划后认为：M盛公司的增资扩产符合工业园区的发展规划，十多年来，M盛公司的快速发展，说明M盛公司是一家具有良好前景的制造企业，据此，批准向M盛公司供地。于是，2012年底，M盛公司通过公开摘牌形式，在工业园区内摘牌取得25000平方米的工业用地，用于兴建厂房。2014年10月，建筑面积45000平方米的M盛公司新厂房及其配套生活设施竣工交付使用，这也为M盛公司的进一步高质量发展打下坚实的基础。

### 3.成为头部企业一级供应商，发展跨上新台阶

自2007年开始，M盛公司就开始向国内通信设备制造头部企业、世界500强企业中排名前100名的DW公司供应（销售）电子元器件。DW公司为了建立更稳定、完善的材料供应链，又鉴于M盛公司近十年来向DW公司供应的产品质量稳定、供货及时，经综合评估，DW公司于2015年秋审核确认，自2016年起，将M盛公司提升为DW公司的一级供应商，从此M盛公司成为DW公司“电容、电感元器件”的四家一级供应商之一。因此，M盛公司的年营业收入自2016年开始超过3亿元，员工人数超过1000人，即使是在2020—2022三年的新冠疫情期间，年营业收入也不低于3亿元。如果说二十年前，M盛公司刚成立之时只是一条小舟，它没有多少抗击风浪的能力，那么，二十年后入选DW公司一级供应商的M盛公司则是一艘巨轮了，它可以抵御较大海浪，甚至狂风暴雨的冲击了。

## 四、天时、地利、人和，存在局限

M盛公司二十年来取得的辉煌成绩无不让市场及同行业者感到惊叹。是什么原因、什么力量支持M盛公司二十多年的持续高速发展？这引起业内外不同人士对此问题进行探讨与研究。

### （一）吃苦耐劳，敬业实干

笔者在与M盛公司员工的交流沟通中，问及M盛公司为什么有这样良好的发展时，听到他们谈论较多、比较自豪的说法是，今天的M盛公司，是他们老板与全体员工吃苦耐劳干出来的。是的，这种说法确实没错，任

何业绩都是干出来的，不可能是“吹”出来的。据笔者的了解，自M盛公司成立以来，D先生与Z先生就没有周末的概念，每天早上7：30之前到工厂，晚上19：30后才离开，基本上是“以厂为家”，他们不是在出差联系客户，就是在工厂督导生产、带领员工搞研发、提升产品质量等。正如李强总理在2023年3月13日记者会上谈及的浙商“四千精神”那样，哪一位民营企业取得的成绩，不是曾经历“走遍千山万水、说尽千言万语、想尽千方百计、吃尽千辛万苦”干出来的？这就是敬业精神。企业老板能有这样的敬业精神，能与员工打成一片，同心协力、同甘共苦，企业不发展都难。但是，吃苦耐劳的人很多，为什么有的就不能取得这样的成绩，有的还越干越差？甚至一些与M盛公司同行业的公司已经停产或倒闭？M盛公司能快速发展，全体员工肯吃苦耐劳地干只是一个方面，是表面解读，在吃苦耐劳的背后，还有更深层次因素推动着公司快速发展。

## （二）创新开发，讲求实效

笔者与M盛公司的部分客户进行交流，提及M盛公司为什么有这样良好的发展时，大多数客户反馈的信息是，M盛公司服务好，产品创新、更新快，能紧跟时代发展的步伐，所以，他们愿意同M盛公司进行长期的业务合作。没错，30年来，我国的电子产品已更新了几代，如电视机的显像管被液晶显示器替代，手机从“大哥大”、按键“老人机”升级为智能手机等。M盛公司作为电子元器件生产供应商，属于产业链的中端，他们必须加强研发，使其产品跟上终端产品更新换代的步伐。因此，M盛公司十分注重创新与新产品的开发，D先生不仅带领公司技术人员做好与客户终端产品研发、设计的对接，还对自身电子元器件进行不断更新、改进。同时，根据生产特点，对定型产品单独定制几条自动化生产线，降低用工成本、提高工作效率。创新开发，只是M盛公司获得广大用户的好评、业务有长足的发展重要因素之一。什么因素促使M盛公司能持之以恒地不断进行创新开发的？这背后还有更深层次的动力和机制。

## （三）科学管理，精打细算

从财务分析的角度，人们容易得出M盛公司二十多年来的快速发展，是科学管理、精打细算的结果。是的，笔者作为向M盛公司提供专业服务的注册会计师，对M盛公司一流的管理应给予充分肯定。例如，即使对于已进入自动化生产的“电阻”定型产品，一天要生产多少个电阻，每个电阻的毛利有多少，作为公司老板的D先生与Z先生心中都非常清楚。正是有这样的科学管理与精打细算，M盛公司才在二十年来原材料（铜线等材料）价格大幅度上涨的前提下，仍保持着公司的正常盈利水平。所以，科学管理、精打细算是M盛公司能取得二十年快速发展的原因之一。但是，同样是这样的经济大环境，同样是这样的员工素质，为什么M盛公司能做到这样的科学管理、精打细算，而很多同类企业就不能做到，有的甚至因为原材料价格大幅度上涨等而走向倒闭呢？

## （四）天时、地利、人和，分析存在局限

人们在剖析一个人或一家企业为何取得成功时，习惯从“天时、地利、人和”的角度出发，并总结出成功须具备“天时、地利、人和”的条件，以及“天时不如地利，地利不如人和”等相关的结论。据此，在对M盛公司的成功原因剖析上，按天时、地利、人和三要素原理：首先，M盛公司拥有良好的天时，碰上了近三十年电子行业快速发展的大形势；其次，也具有地利优势，即M盛公司处在电子产业发达的粤港澳大湾区；最后，具有人和条件，也就是D先生与Z先生老板团结一心、专业互补。

对以上“天时、地利、人和”三要素的分析，看似很全面、完整，但大家很容易发现其中很勉强、很片面的地方。一是同样这样的天时条件，三十年来，为什么倒闭了不少像M盛公司这样的同类电子元器件企业？二是地利优势，其实D先生和Z先生都是外省人士，不是在粤港澳大湾区出生成长的，他俩连“白话”（粤语的俗称）都说不标准，从这个角度看，他们出资成立的M盛公司，可以说是没有多少地利优势。三是人和因素，M盛公司原来只有几十名员工，后来发展到几百人甚至上千人，仅靠D先生与Z

先生团结一心肯定是不够的。M盛公司能创造佳绩，肯定是全体员工共同努力的结果。所以，按以上“天时、地利、人和”三要素总结M盛公司成功的结论，逻辑性不强，缺乏完整性，存在明显的局限，也没有很强的说服力。

## 五、恪守规矩，成就辉煌

法律是规矩，是人们的行为准绳。笔者从人的行为动机、目的及其内在逻辑角度，剖析M盛公司能快速发展的关键因素，结论是恪守规矩，成就辉煌。

### （一）恪守规矩，树立形象

市场经济最重要、最基本的特征是平等与竞争，这是经济规律的具体体现。平等是指经济活动参与者之间的关系是平等的，集中表现在市场交换必须遵循等价交换的原则。竞争是指经济活动参与者之间存在着广泛的竞争，不仅仅是价格竞争，还有产品质量、服务质量、附加值、延伸服务等方面的竞争。M盛公司开业后，面对激烈的市场竞争环境，D先生和Z先生即使遇到再大的困难，也都恪守法律规矩，遵守市场经济自由竞争规则，以“精益求精、一丝不苟”的精神，确保每一个电子元器件的品质。这样，他们才在市场上站稳脚跟，打开市场局面，树立M盛公司的良好形象，创造自己的品牌，使M盛公司走上健康发展的轨道。如果当初他们思想有所松懈，不从严遵守法律规矩，估计就是另一种结局。

### （二）恪守规矩，打开市场

市场经济另一个重要特征是开放市场与法制市场。开放市场是指世界是一个整体，是一个大市场，不能对市场参与者进行限制。法制市场是指社会经济有健全的法制基础，市场经济的参与者必须在法律规定的范围内依法进行活动。M盛公司严格遵守法律规矩，一方面，公司少有与材料供应商或购货方产生违约等纠纷，这不仅使其在市场中树立了良好的诚信口碑，而且让其有更多的时间与精力全身投入市场竞争中；另一方面，公司让自己以最快速度适应市场的法制规则，积极参与到电子元器件的市场竞争中，以产品与服务的高质量，获得境内外市场的高度认可，从而获得大量业务订单。因此，M盛公司才实现二十年来的跨越式发展，取得傲人的成绩。

### （三）恪守规矩，凝聚力量

俗话说“打铁还需自身硬”。M盛公司这条小舟，能在市场经济的海洋中劈波斩浪地获得今天的佳绩，一方面是自身船体坚固，能抵御各种风浪的冲击而确保航行安全；另一方面是具有充足强劲的动力，能克服各种阻力前进。M盛公司这条船船体坚固、具有充足强劲的动力的关键因素，一是除遵守法律法规外，M盛公司还有符合公司实际情况、健全、操作性强的内部制度；二是有体现公平公正的内部制度，构成全体员工努力奋斗、积极工作的内在动力；三是全体员工都以“遵守规矩为荣、违反规矩为耻”，法律与公司各种内部制度得到所有员工的遵照执行。如此，M盛公司内部才会形成上下拧成一股绳、集中精力做生意、一心一意谋发展的凝聚力，全体员工才会有吃苦耐劳、不断创新的精神面貌，科学管理、精打细算机制才得以有效实施，M盛公司才会创造出跨越式发展的辉煌。

## 六、法律规矩，高质量发展

党的二十大提出，以中国式现代化全面推进中华民族伟大复兴，实现全面建成社会主义现代化强国、实现第二个百年奋斗目标，推动经济高质量发展取得新突破。因此，高质量发展是我国今后长期的任务与目标。

### （一）高质量发展的内涵实质

什么是高质量发展？习近平总书记在2017年12月18日中央经济工作会议上说：“高质量发展，就是能够很好满足人民日益增长的美好生活需要的发展，是体现新发展理念的发展，是创新成为第一动力、协调成为内生特点、绿色成为普遍形态、开放成为必由之路、共享成为根本目的的发展。”[①]习近平总书记从宏观角度精准、高度地概括了高质量发展的内涵、要求及其实现的途径。

对市场经济的参与者而言，一家企业、一个服务单位的高质量发展是什么？从M盛公司的案例中，我们可以看到，在二十年的时间内，无论是M盛公司自身，还是公司的职员以及公司的合作伙伴，都伴随着M盛公司的发展得到快速的成长。所以，可以说M盛公司是企业高质量发展的践行者，是企业对高质量发展的最好诠释，也是企业高质量发展的典范。据此，笔者认为，由于市场经济参与主体的性质、业务范围、特点与要求不同，各市场主体高质量发展的内涵也有所不同，但总体要求基本是一致的，即应从社会方面和市场主体内部两个方面来阐述一家市场主体高质量发展的内涵。

从社会方面来说，一家市场主体高质量发展的内涵可概括如下：一是能为市场提供高质量的产品或服务，这是检验市场主体是否能够实现高质量发展的试金石。如果不能为市场提供高质量的产品或服务，那这样的市场主体高质量发展的基础就不存在。二是能及时、高效率地提供高质量的产品或服务。如果不能提供高效的产品或服务，也就不可能有高质量发展。三是能够持续、高效地提供高质量的产品或服务。如果市场主体提供的高质量产品或服务不能持续，不仅影响其自身的发展，也会影响与其相关联市场主体的发展。从市场主体方面分析，重要的是市场主体能获得良好的经济效益，为市场主体长期发展打下良好的基础。如果一个市场主体能高效、持续地向市场提供高质量的产品或服务，但不能获得良好的经济效益，这种发展也不是高质量的发展。

## （二）遵守法律，成就辉煌

从以上对M盛公司二十多年快速发展的剖析中，我们可以得出如下结论：遵守法律，成就高质量发展；恪守规矩，成就辉煌。同时，还可以得到以下三点启示：一是任何地区、任何市场经济主体的高质量发展，必须

① 习近平：《习近平谈治国理政（第三卷）》，外文出版社，2022，第238页。

在法律法规的范围内依法进行；二是法律规矩，将有力促进高质量发展；三是不论是个人，还是市场主体，或是一个地区，在发展中如果不遵守法律，就不可能有高质量发展。所以，法律无形，终身相伴，对一个人是如此，对一个市场主体或者一个地区也是一样。

# 第十七章 违犯法律，自毁人生

法律无形，终身相伴；恪守法律，成功前提；违犯法律，自毁人生。现实生活中，违犯法律、自毁人生的案例有不少，值得人们借鉴。

## 一、恪守法律，一生平安

俗话说：健康为本，平安是福。在人们心目中，千好万好，不如平安好。我们都是凡夫俗子，无法长生不老，人活在这个世上，除了生死，其他东西都是小事，再也没有什么比平安更重要，再也没有什么比活着更美好。人的一生只有短短几十年的光景。拥有健康的身体，能沐浴自然阳光，欣赏大好河山，享受自由生活，无祸无灾，平安到老，是人一生的福气。所以，自古以来，广大民众的最大心愿是一生平安。一生平安，才能有一生的幸福。

恪守国家法律，才能一生平安。如果不恪守国家法律，那就偏离了人生的轨道，像列车离开铁轨，会车毁人亡。据此，自觉恪守法律，确保人生不偏离轨道，才能一生平安。在国家法律的护佑下，我们应保持乐观的心态，锻炼健康的体魄，活好当下的每一天，平平安安每一年，不求金山银山，唯愿一生平安，这是真正的幸福生活。

## 二、守法有机会成功，违法者必定失败

从“法律无形，终身相伴”的角度来分析，成功者之所以能取得成功，是因为“恪守法律，成功前提；违犯法律，自毁人生”。

## （一）分析成功者，各角度结论

当今社会，人生成功的基础是事业成功。社会工作者从来没有中断对事业成功者（以下简称“成功者”）的探讨研究，由于研究的角度不同，也就有不同的结论。

从过程角度分析。从取得事业成功的过程角度分析，得出“行动，自信，坚持”——成功的三部曲的结论。成功始于行动；成功基于自信，拥有自信，将在一切挫折面前永不言败；成功贵在坚持，“破釜沉舟，百二秦关终属楚；卧薪尝胆，三千越甲可吞吴”。从过程角度分析认为，只要方法正确，坚持到底，绝不放弃，事业就会获得成功。

从成功者的个性角度分析。有成功者应具备“志气、骨气、才气、正气、勇气”五气的说法，一个人能以志气成就事业，以骨气挺直脊梁，以才气谱写人生，以正气树立形象，以勇气攀登高峰，就是一个成功者。也有成功者应具备“独立、勤奋、坚强、自尊、自信、自律、担当、奉献”的个性特征说法等。

从成功者所处的环境角度分析。成功者应具备较好的“天时、地利、人和”优势，善于抓住机遇，创造良好的环境，助力人生成功。

从内外因角度分析。成功的内因（即成功者自身的素质）对人生成功起决定性作用，外因只是影响成功的一部分因素。

以上从不同的角度剖析成功者取得成功的结论，不能说哪个不对，只是角度、侧重点不同而已。我们不难发现，从这些不同角度剖析成功者的成功结论或多或少有些片面，很难对成功者取得成功的原因作出全面、准确的概括，也就是很难找到成功者成功的共性因素。笔者从“法律无形，终身相伴”角度来分析，发现不同的成功者身上有一种共同的行为特征，那就是恪守法律。恪守法律，是人生获得成功的前提条件。

## （二）凡是违犯法律者，必然自毁人生

违犯的“犯”是侵犯和触犯的意思，“违犯法律”指违背和触犯法律法规，其意思除客观不符合法律规范的事实外，还隐含着在违犯法律时

或多或少带有的主观性和主动性，即犯法者知道其行为可能造成的严重后果。所以，自古以来，凡是违犯法律者，都是自毁人生之人。

中央电视台2023年1月期间播出了由中央纪委国家监委宣传部与中央广播电视总台联合摄制的《永远吹冲锋号》电视专题片，在第二集中披露了江西省政协原副主席肖毅案的多个细节。肖毅1962年5月出生，原为中学教师，1987年2月从任乡党委副书记起步，一步步成长起来。2015年肖毅在任江西省抚州市委书记后，把以人民为中心的发展思想抛诸脑后，主抓的多个项目都存在脱离实际、脱离群众、好大喜功的情况。其中， 2017年上半年，肖毅不顾抚州当时的实际情况，盲目决策，盲目举债，投资30多亿元建成相关汽车产业园，结果因为生产的是传统燃油车，本身品牌又没有什么竞争力，在生产了几千台以后就停产了，造成投产即停产的局面。肖毅还被查出利用职权为他人在职务晋升、工程承揽、项目开发等方面提供帮助，非法收受财物上亿元。2021年11月，肖毅因严重违纪违法被开除党籍和公职，2022年1月，因涉嫌受贿罪和滥用职权罪被提起公诉。

在《永远吹冲锋号》第三集中，披露了江苏省委原副书记，曾任江苏省委常委、南京市委书记等职务的张敬华的案件。他的问题，始自贪图小便宜，始自同学圈和朋友圈，呈现由风变腐、风腐一体的特征。中央八项规定精神明确要求领导干部不能违规组织、参加同学会、校友会等活动，提醒领导干部要注意净化社交圈、生活圈、朋友圈，张敬华却不以为意。2014年，张敬华和一些大学同学建了一个微信群，开始定期聚会。在这种“同学会”上，职务最高的张敬华自然成为众人的中心，甚至还有远在北京、江西等地的同学专门跑到江苏来参加聚会，这些人表面上是看重“同窗情谊”，实际看重的是张敬华的职权。张敬华后来涉嫌受贿的金额当中，很大一部分和大学同学相关。当商人老板以“同学”身份提出请托，当权钱交易披上一层“同学情”的外衣，张敬华接受起来似乎就更加坦然。既想当大官又想发大财，这样的心态，在张敬华处理家庭房产的问题上显得尤其明显。他到南京任职后，短短几年里频繁买房卖房、倒房换房，先后涉及四处房产，每一套都通过违纪违规乃至违法手段获利颇丰。张敬华因非法收受他人财物数额特别巨大，被依法追究刑事责任。

《永远吹冲锋号》第四集，揭露了安徽省泗县房屋征收管理服务中心、拆迁事务六所原所长王红卫，从2016年担任所长以来，收受近80人的贿赂，总金额超过260万元。拆迁所所长看似是个小官，但权力变现的空间着实不小。王红卫权钱交易的手段五花八门，包括违规分户、违规更名、虚增面积、将违建算成合法面积、多算装潢附属物补偿等。他不仅接受请托收钱，还主动开口索贿。2021年6月，王红卫被判处有期徒刑5年6个月。

笔者在此摘录《永远吹冲锋号》中披露的几宗案例，说明以下几点：一是不同的区域、领域均可能产生或存在违犯国家法律的案件。二是不管官位多高，或拥有多少的财富，谁违犯了法律，就是在自毁人生。

## 三、量变质变，任重道远

不可否认，当前，公民违法行为仍在不断发生，也会长期存在。据此，国家必须做好与违反国家法律的行为作长期斗争的准备。

### （一）“苍蝇老虎”，量变质变

从党的十八大以来查处的腐败案以及上述在《永远吹冲锋号》中披露的几宗案件，充分说明一个问题：一位公民遵守法律的自觉性，不会随着年龄增长和职务提升而自然提升，有的反而因年龄增长和职务提升丢失得更快。据此，无论是“老虎”，还是“苍蝇”，其演变都有一个从量变到质变的过程。

### （二）成绩显著，任重道远

2022年10月22日党的二十大通过的《十九届中央纪律检查委员会向中国共产党第二十次全国代表大会的工作报告》披露：“五年来，中央纪委国家监委立案审查调查中管干部261人。全国纪检监察机关共立案306.6万件，处分299.2万人；立案审查调查行贿人员4.8万人，移送检察机关1.3万人。”从以上报告中可以看出，推动全面从严治党取得卓著成效，但反腐败斗争仍任重道远。不要说中纪委处理的中管高级干部，就是一般的科级干部，哪位不是经过长时间在基层、多个岗位的培养、锻炼，才能走上领导岗位？不能说他们当初没有理想，或说没有能力，不懂得国家法律，他们中有的人很有才能，也做出过不少贡献。可为什么有些人的人生结局是“违犯法律，自毁人生”呢？原因当然很多，也很复杂，但有一点是相同的，就是没有把国家法律当回事，不遵守党的纪律、国家法律的规矩，带着侥幸心理，希望在国家法律面前能蒙混过关。殊不知，天网恢恢，疏而不漏。正义只会迟到，但从来不会缺席，违犯法律者，终究会受到法律的惩罚。

## 四、风清气正，长效机制

风清气正，意思就是要求人们讲道德，顾大局，淡名利，讲友爱，重操守，严纪律，不谋私，重团结，多奉献。党的十八大以来，党中央以坚定决心、顽强意志、空前力度推进党风廉政建设和反腐败斗争，坚持无禁区、全覆盖、零容忍，坚持“老虎”“苍蝇”一起打，深化标本兼治，一体推进不敢腐、不能腐、不想腐的反腐防腐制度建设。习近平总书记在党的二十大报告中指出：“增强党内政治生活政治性、时代性、原则性、战斗性，用好批评和自我批评武器，持续净化党内政治生态”，“加强理想信念教育，引导全党牢记党的宗旨，解决好世界观、人生观、价值观这个总开关问题，自觉做共产主义远大理想和中国特色社会主义共同理想的坚定信仰者和忠实实践者”。在党中央持续推进政治生态的重构、净化、修复和优化下，风清气正的政治生态及其长效机制正在形成。

新时代新征程上，我们坚信，随着不断加强和规范党内政治生活，加强党内监督，严惩腐败；随着坚持不懈把全面从严治党向纵深推进；随着党内政治生态全面净化，把建设风清气正作为政治生态的基础性、经常性工作，国家法律一定能更深入地铭刻在广大人民群众心中，风清气正的政治生态定会在全面建设社会主义现代化国家、全面推进中华民族伟大复兴中发挥更大的作用。

# 第十八章　法律至上，文明盛世

社会在进步，时代在发展。我们将以怎样的精神状态，更好地适应中国式现代化的进程？将以怎样的精神面貌迎接社会主义现代化强国到来？对此，笔者从“法律无形，终身相伴”的角度，进行了一些思考。

## 一、新时代，新精神

精神是人对待事物和行为的一种态度，包括骨气、品格、毅力、意志、欲望、斗志等，也是指人的气质总和。精神是个抽象东西，它产生于行为而又脱离行为存在，没有具体行为细节就没有精神体现，精神就是行为细节的体现。所以，一方面，抽象的精神依靠具体行为得以体现，如“吃苦耐劳”“刻苦钻研”“助人为乐”“雷厉风行”等行为所体现的是一种精神；另一方面，精神是无数行为的体现，如2020年初新冠疫情下，国家一声令下，全国驰援武汉，无数“白衣战士”踊跃奔向抗疫第一线，表现出一种“不怕艰苦，勇于奉献，舍小家为大家”的精神。

气质是指人相对稳定的个性特点和风格气度。心理学认为气质是人心理活动的典型特征，是人的体态、穿着打扮、行为学识、性格等各种元素结合起来给别人的一种感觉，通俗讲也可以说是风度、风格、脾性、气度等。所以，人们常常用“端庄高贵、文雅和谐、朴实大方、温和可爱、风流倜傥”等词语来形容一个人的气质。

气质与先天禀赋有关，更与后天修养有关。古时候有地位的男士常常通过书（诗）画来修炼心灵，提升自己内在的气质，把自己打扮成谦谦君子；而有身份的女子则常常通过琴棋（艺）来寄托心灵，把自己打扮成高雅的贵夫人。所以，自古就有“腹有诗书气自华”之说，说明一个人气质是修炼出来的。其实，当今社会，人们饱读诗书，博闻强识，自然才华横溢，气质高雅光彩。一位学识丰富，见识广博的人，不需要刻意装扮，都会自然而然地展现出一种“博学深沉，气度非凡，令人敬重”的气质。

新时代，新精神。中国共产党领导我国人民的百年奋斗史，就是中国共产党人精神谱系的传承发展史，它由一个个清晰而生动的具体“坐标”组成，在革命、建设、改革开放和新时代的不同时期，有着不同的精神主题和鲜明的时代烙印。由此而形成的井冈山精神、长征精神、延安精神、西柏坡精神、抗战精神、红旗渠精神、雷锋精神、“两弹一星”精神、抗洪精神、抗震救灾精神、特区精神等都是我国社会主义革命和建设过程中所展现出来的不同主题精神。

党的十八大以来，我国进入了新时代，在新时代实现中华民族伟大复兴的中国梦的过程中，人们应展现出怎样的精神状态？习近平总书记在党的二十大报告中指出：“弘扬以伟大建党精神为源头的中国共产党精神谱系，用好红色资源，深入开展社会主义核心价值观宣传教育，深化爱国主义、集体主义、社会主义教育，着力培养担当民族复兴大任的时代新人”，“弘扬社会主义法治精神，传承中华优秀传统法律文化，引导全体人民做社会主义法治的忠实崇尚者、自觉遵守者、坚定捍卫者”。所以，进入中华民族伟大复兴的新时代，以爱国主义为核心的团结统一、爱好和平、勤劳勇敢、自强不息的伟大民族精神，以改革创新为核心的时代精神，以及“法律至上”精神，是广大人民群众在新时代应有的精神面貌。

## 二、精神气质，法律至上

法律至上是指在国家或社会的所有规范中，法律是地位最高、效力最广、强制力最大的规范，这里所指的法律是指广义角度上的法律，包括国家法律、部门规章制度等行政法规。法律至上包括三层意思：一是法律高于其他社会规范，如乡规民约、制度纪律、职业道德；二是所有社会成员都必须遵守法律，不得有特权；三是任何权力都必须服从法律。

法律至上的内涵，具体表现为法律的普遍适用性、优先适用性和不可违抗性。法律的普遍适用性，是指法律在本国主权范围内对所有人具有普遍的约束力。所有国家机关、社会组织和公民个人都须遵守法律，依法享有和行使法定职权与权利，承担和履行法定职责与义务。法律的优先适用性，是指当同一项社会关系同时受到多类社会规范的调整时，法律规范的适用要优先于其他社会规范。法律的不可违抗性，是指任何人都不允许违反法律，违反法律就要受到法律的惩罚。不管涉及什么人，不论其权力大小、职位高低，只要有违法犯罪行为，就会被依法追究和承担法律责任。

精神既是人的品格修养、气概情怀，也是思想信仰、人生态度，更是道德理念、文化传承等方面的综合体现。没有了精神的人，就如同行尸走肉，只知道吃喝玩乐，不明白人何以为人；即便荣华富贵加身，也是空有一副皮囊，毫无灵魂。对一个人而言，如果还有比死更可怕的事情，那一定是丧失了精神。正如1956年11月15日，毛泽东在中国共产党第八届中央委员会第二次全体会议上指出的“人是要有一点精神的，无产阶级的革命精神就是由这里头出来的”，说明人的精神是非常重要的。新时代、新征程，每一位公民都是时代的弄潮儿，他们有的突出表现为一种朝气蓬勃、勇于进取的精神，有的突出表现一种不怕艰苦、奋发图强的精神，有的突出表现一种守正创新、与时俱进的精神。在这些精神中，有一种精神，是所有民众必须具备的，那就是与时代命运同脉搏的精神气质——法律至上。

## 三、人生三观，法律至上

人生三观是指人的世界观、人生观和价值观。世界观是指人们对整个世界以及人与世界关系的总看法和根本观点。这种看法与观点是人自身生活实践的总结，是自发形成的。通俗而言，世界观就是你是怎样看待世界、看待社会。

人生观是指人们在实践中形成的对于人生目的和意义，对人生道路、生活方式的总看法和根本观点。通俗而言，人生观就是你希望自己成为怎样一个人，期待过怎样的人生，这就是人生观。如某人的人生观是希望成为勤劳致富的人，那么，他就会脚踏实地，吃苦耐劳，努力地做好每一项工作。如果某人的人生观是希望成为不劳而获的人，那么，他就会更多地表现出投机取巧、好吃懒做或贪图安逸，对工作只会走马观花、纸上谈兵或做表面工作。

价值观是指人们对周围客观事物（包括人、事、物）的意义、重要性的总评价和总看法。通俗而言，价值观就是你怎样看待周边的人和事物，你认为怎么做是对的、有意义的。现实生活中，对于同一件事情，不同的人有不一样的看法，这就是价值观不同造成的。如看待感动中国2017年度人物候选人之一、浙江大学退休教师王绅森，靠着拾荒资助4位贫困大学生事件。对此，绝大多数人认为王绅森的行为值得尊敬，而有的人认为王绅森的行为不值得宣扬，或认为王绅森比较傻，这就是价值观不同。

人的世界观、人生观和价值观决定其精神气质，一个人的精神气质在“法律至上”上也会充分体现出来。人生三观如果与时代脉搏相吻合，其必然体现出法律至上的精神气质：成为一位法治社会主义的忠实崇尚者、自觉遵守者、坚定捍卫者；自觉遵守法律，勇于维护法律的尊严与权威，敢于同违法行为坚决斗争；一切行为不超越法律的底线，在法律规范的范围内获取人生的成功。而三观不正者，势必唯利是图，体现出没有担当、没有奉献的精神气质，其为了自身利益，超越法律的底线也在所难免，这种三观不正者，即使一时获得人生的成功，也难有幸福的人生。

## 四、法律至上，底气勇气

法律至上，让遵守法律、执行法律和维护法律尊严与权威成为人们的自觉行为，让社会形成良好的法治环境，使法律维护社会公平正义、促进国家各行各业健康发展的重要作用得到充分发挥。据此，贯彻落实好法律至上具有重大现实意义与长远意义。

## （一）法律至上，高质量发展

党的二十大报告强调，必须更好地发挥法治固根本、稳预期、利长远的作用，在法治轨道上全面建设社会主义现代化国家。进入新时代，我国社会的主要矛盾已发生变化，人民期盼有更稳定的工作、更令人满意的收入、更高水平的医疗卫生服务、更可靠的社会保障、更舒适的居住条件、更安全的社会环境、更优美的生态环境、更好的教育、更丰富的精神文化生活，以及更公平正义的社会等。满足人民对美好生活的向往，关键是靠发展。新时代的发展，必须贯彻新发展理念，构建新发展格局，推动高质量发展，这就需要一个良好的营商环境。法治是最好的营商环境。所以，法律至上，为引领全社会形成尚法崇法、依法维权、依法履职、依法办事、合法行权的良好氛围，为营造更高水平的法治营商环境，促进高质量发展，确保发展成果更好地满足人民对美好生活的向往起着重要的保证作用。

## （二）法律至上，安居乐业

安居乐业就是“安定地生活，愉快地工作”，这是人们最朴实无华的心愿，是人们对美好生活的基本诉求，也是对中华民族伟大复兴蓝图的向往。2022年10月19日中国共产党第二十次全国代表大会新闻中心举行第三场记者招待会，会上公安部党委委员、副部长，国家移民管理局党组书记、局长许甘露介绍，党的十八大以来，全国公安机关扎实推进平安中国、法治中国建设，严密防范、严厉打击敌对势力的渗透颠覆捣乱破坏活动，严厉打击侵害人民群众生命财产安全的各类违法犯罪，有力地捍卫了国家安全，维护了社会安定，保护了人民安宁。我国是命案发案率最低、刑事犯罪率最低、枪爆案件最少的国家之一，每10万人口的命案是0.5起。十年来，刑事案件、安全事故等“五项指数”大幅下降。2021年，杀人、强奸等八类主要刑事犯罪、毒品犯罪、抢劫抢夺案件、盗窃案件的立案数和一次死亡3人以上的较大的交通事故数较2012年分别下降了64.4%、56.8%、96.1%、62.6%和59.3%。在为经济持续健康发展创造安全稳定的社会环境的同时，全国公安机关坚持以人民为中心的发展思想，围绕与人民群众出行办事息息相关的“身份证”“驾驶证”“出入境证件”三大证件，率先推出了“网上办”“异地办”“一门通办”“全国通办”。一系列惠民利企的政策举措极大便利了广大群众的学习、工作、生产和生活，近5年来累计为群众节省和减负的成本达到了2200亿元，惠及亿万人民群众。所以，法律至上下的良好法治环境，是广大民众安居乐业的底气。

## （三）法律至上，信心勇气

勇气的“勇”，关键是敢于直面问题、勇于自我革命、勇于追求真理的决心；勇气之“气”，关键在于敢容错、善纠错、能不断改错的气魄。勇气是个体和群体坚韧性、积极性和主动性的状态体现，意味着处变不惊、定力十足、敢为天下先的果敢，能够化危为机，于变局中开新局，于新局中布强局。习近平总书记在党的二十大报告中指出，“我们要坚持走中国特色社会主义法治道路，建设中国特色社会主义法治体系、建设社会主义法治国家”。我们完全有理由相信，全党、全国人民遵循法律至上，吐故纳新，法治国家、法治政府、法治社会就能早日实现，中华民族的伟大复兴一定能早日到来。

## （四）法律至上，伟大复兴

中国进入新时代，中国共产党的领导坚持以人民为中心，秉持“人民就是江山，江山就是人民，打江山、守江山，守的是人民的心”的人民至上的执政理念。在这种执政理念下由国家制定的一系列法律，充分体现广大人民根本利益，有利于国家的长远发展及中华民族伟大复兴。法律是国家规矩，是广大民众的行为准绳，法律因广大民众遵循法律至上而得到全部贯彻落实，这样，法律至上与为人民谋幸福、中华民族伟大复兴一脉相承，形成统一体。因此，法律至上，是实现社会主义法治国家、法治政府的有效举措，是实现中华民族伟大复兴的重要保证。

## 五、法律至上，文明盛世

文明是什么？英国作家罗斯金说："文明就是要造就有修养的人。"盛世是什么？盛世是指国家在较长的时间内保持繁荣昌盛。历史车轮滚滚向前，时代潮流浩浩荡荡，当今社会，中华儿女正在奔向文明盛世的大道上昂首前行。

### （一）悠久历史，灿烂文化

沧海桑田，日新月异。据有关专家的研究表明，中华文明上下五千年的历史进程中，我国历史上曾经出现过影响世界的八大盛世：

一是殷商盛世。从商朝都城稳定在殷开始，到祖甲去世后结束，这一盛世时期的主要君王有盘庚、武丁、祖庚、祖甲。这一时期的盛世的核心是盘庚中兴、武丁之治。

二是西周盛世。从平定三监之乱开始，到周穆王去世结束，这一盛世时期的主要君王有：周成王、周康王、周穆王。这一时期的盛世的核心是成康之治、穆王之治。

三是西汉盛世。从平定诸吕之乱开始，到汉元帝去世结束，这一盛世时期的主要君主有汉文帝、汉景帝、汉武帝、汉宣帝。这一时期的盛世的核心是文景之治、汉武大一统、昭宣中兴。

四是东汉盛世。从削平群雄开始，到汉安帝去世结束，这一盛世时期的主要君主有汉光武帝、汉明帝、汉章帝、汉和帝。这一时期的盛世的核心是光武中兴、明章之治。

五是前唐盛世。从结束内部继位纷争开始，到安史之乱爆发结束，这一盛世时期的主要君主有唐太宗、唐高宗、武则天、唐玄宗。这一时期的盛世的核心是贞观之治、永徽之治、贞观遗风、开元之治。

六是北宋盛世。从基本平定南方开始，到宋徽宗继位结束，这一盛世时期的主要君主有宋太祖、宋太宗、宋真宗、宋仁宗、宋神宗。这一时期的盛世的核心是咸平之治、仁宗之治、熙丰变法。

七是前明盛世。从国内基本安定开始，到刘瑾等阉党用事结束，这一盛世时期的主要君主有明太祖、明成祖、明宣宗、明孝宗。这一时期的盛世的核心是洪武之治、永乐之治、仁宣之治、弘治中兴。

八是前清盛世。从平定三藩之乱开始，到白莲教大起义爆发结束，这一盛世时期的主要君主有清圣祖、清世宗、清高宗。这一时期的盛世的核心是康熙之治、雍正革新、乾隆之治。

我国历史上八大文明盛世，有哪些共同的特征？对此，历史专家们的研究概括如下：一是在国内方面，表现为经济繁荣、科技发达、思想活跃、文化昌盛。文化昌盛更多是体现在全民行为素养上，即处处、事事有法可依、依法办事，人人遵守法律、规矩，这就是文明社会，也是法律至上的具体表现。二是在对外方面，表现为军事强大、贸易繁荣、经济文化的影响力巨大。

## （二）文明盛世，长盛不衰

社会的文明水平，反映出一个国家的文明程度。遵循法律至上、人人守法与文明盛世相辅相成，互相促进。文明盛世需要人人守法，处处、事事有法可依、依法办事。如果国家无法可依，公民不依法办事，文明盛世就成为空谈。同时，人人守法，处处、事事有法可依、依法办事又会促进文明盛世的到来。

2017年10月18日，习近平总书记在中国共产党第十九次全国代表大会上作报告，他指出："今天，我们比历史上任何时期都更接近、更有信心和能力实现中华民族伟大复兴的目标。"[①]党的二十大描绘了以中国式现代化全面推进中华民族伟大复兴的宏伟蓝图，而今，我们正跨步迈入中华文明盛世之门。一个法律健全、广大民众都遵循法律的社会，定是人人守法，处处、事事有法可依、依法办事的社会，是一个文明的社会，也是创造文明盛世的时代，这样的文明盛世将长盛不衰。

① 习近平：《习近平谈治国理政（第三卷）》，外文出版社，2022，第12页。

# 附录一　提修法建议，参与顶层制度设计[1]

## 一、现行法律，负面作用

我国法律发展了几十年的时间，有的法律难免存在一些与时代发展不相适应的内容，其中，《劳动合同法》对员工补偿金的规定，是一个比较典型的例子。

### （一）《劳动合同法》，对一次性支付员工补偿金的规定

根据《劳动合同法》第三十八条、第三十九条、第四十条、第四十一条、第四十六条和第四十七条的规定：企业与员工解除劳动合同（包括企业破产，下同），企业应一次性支付员工补偿金。支付员工补偿金的标准：员工在本单位工作每满一年支付一个月工资，六个月以上不满一年的，按一年计算，不满六个月的，向员工支付半个月工资；员工的月工资高于用人单位所在直辖市、设区的市级人民政府公布的本地区上年度职工月平均工资三倍的，按员工月平均工资三倍的数额支付，支付经济补偿的年限最高不超过十二年；月工资是指员工在劳动合同解除或者终止前十二个月的平均工资。

① 本案例于2023年4月荣获广东省注册会计师协会、香港会计师公会、澳门会计专业联会联合举办的“会计师行业服务大湾区高质量发展”案例大赛“优秀案例”。本书有所删减。

## （二）《企业破产法》对职工债权受偿的规定

《企业破产法》第一百一十三条第一款规定：法律、行政法规规定应当支付给职工的补偿金，在破产财产优先清偿破产费用和共益债务后的第一顺序受偿。

## （三）一次性支付员工补偿金的“负”作用

《劳动合同法》规定一次性支付员工补偿金，对保护员工的合法权益，起到重要的作用。但对大多数的民营中小企业（以下简称“企业”）来说，该条款的副作用也非常明显。

### 1.企业破产动力，企业长远发展

《劳动合同法》规定一次性支付员工补偿金，当企业经营出现困难时，一方面，员工为了获得一笔数额不小的补偿金而希望企业早日破产；另一方面，股东为了摆脱应一次支付员工高额的补偿金也希望企业破产。如我们经办Y公司破产案，Y公司于2008年7月注册登记成立，主营生产手机外壳配件，因受手机产品更新换代影响，2016年5—7月公司订单大幅度减少，此时，按《劳动合同法》规定应支付1500多名员工的补偿金近2000万元，已达到公司正常经营一年的利润。所以，当Y公司于2016年8月因业务转型出现困难而停产时，包括公司中层职员在内的1500多名员工积极推动公司申请破产。因此，Y公司破产案成为当时广东省的十大欠薪案之一，影响广泛。我们经办的D公司、J公司等几宗破产案，也是类似的情形。有的企业投资者，在原公司被宣告破产后解脱了应付员工补偿金的包袱，另设新公司轻装上阵。

### 2.权责发生制，财务成果失真

从法律意义上讲，《劳动合同法》规定应支付给员工解除劳动合同的补偿金，是法律确定的企业当期的成本费用支出，按照“权责发生制”原则，应当计入当期成本费用。如某企业员工100人，人均工资6000元，这

100名员工在企业工作满一年应支付的补偿金60万元应列入当期的成本费用。但《劳动合同法》规定在与员工解除劳动合同时才支付补偿金，不解除劳动合同时不需要支付，所以，对这笔法律确定的企业成本费用支出，目前企业不计入当期的成本费用支出。这样，自然造成企业财务成果失真。对此，笔者曾向有关部门建议：按《劳动合同法》规定应支付给员工的补偿金，参照社保费缴交方式，每年缴交到社保部门，企业与员工解除劳动合同后，其补偿金由员工到社保部门领取。但这一改革措施尚无法律法规支持，部门制定规章制度难以推动法律的完善。

### 3.转嫁包袱，政府被迫负债

企业经营情况如何，股东是“先知先觉”的。当企业经营出现困难时，有的股东采取“低价变卖、转移、隐藏企业财产”等方式来回避支付员工的大额补偿金，造成企业员工最终拿不到工资、补偿金，因此员工上街上访，形成社会不稳定因素。为了维护社会稳定，政府被迫花费大量的人力、物力、财力来维护员工的权益。因此，《劳动合同法》规定一次性支付员工补偿金，本意是维护员工权益，但从实际执行情况看，往往员工得不到补偿金，最终包袱转嫁给政府，形成政府被迫负债的局面。

## 二、提修法意见，课题组采纳

2021年初，中国人民大学破产法研究中心、北京市破产法学会联合组织“企业破产法与相关法律、法规联动修改意见与建议征集”课题组（以下简称“课题组”），公开征集《企业破产法》与相关法律法规的修改意见与建议。笔者针对一次性支付员工补偿金存在的问题，对《劳动合同法》相关条款进行认真研究。笔者认为：一是员工的权益需依法得到保护。二是要避免一次性支付补偿金造成企业财务成果的失真，人为地造成企业“不能清偿到期债务”而走向破产。三是让员工与股东失去推动企业破产的动机，利于企业经营稳定与长期发展。据此，笔者提出在现行《劳动合同法》第四十七条后增加第四款“按前款规定应支付的经济补偿，由用人单位每年末支付；用人单位已支付经济补偿的，合同期满不再支付”的修改意见，并于2021年3月20日向课题组提交《一次性支付员工补偿金是企业破产的推手——从企业破产原因角度剖析“解除劳动合同一次性支付补偿金”修正的必要性》的意见（以下简称《一次性支付员工补偿金的修法意见》）。

课题组于2021年3月27日正式回复笔者，本人提出的《一次性支付员工补偿金的修法意见》被吸纳为《企业破产法》与《劳动合同法》联修建议。

## 三、几点启示

笔者对《劳动合同法》提出的修改意见，目前，只是被课题组吸纳为修法建议，在后续的修法中能否被采纳尚不确定。但作为注册会计师参与修法这种顶层制度设计行动的意义，远远超过了所提修改意见是否能得到采纳本身。据此，笔者在注册会计师参与顶层制度设计，服务社会经济发展，服务国家重大战略，展现注册会计师的担当与奉献方面获得了几点启示。

### （一）参与顶层制度设计，展现担当奉献

一直以来，社会公众对注册会计师行业有一种偏见，认为注册会计师只会审计查账，且往往是“事后诸葛亮”，只注重眼前经济利益，对涉及宏观领域、既辛苦又没有什么经济收入的顶层制度设计等业务，注册会计师很少介入或不介入，给注册会计师贴上了“没有多少担当奉献”的标签。本人作为一名注册会计师，从分析企业破产原因的角度对《劳动合同法》提出修改意见，确实让社会各界感到非常意外：提出此修改意见的为什么不是众多的法律工作者或企业界、劳动部门人士？所以，如果有更多的注册会计师积极参与到顶层制度设计中来，自然就更能展现注册会计师的担当奉献。

## （二）能力具备，参与较少

目前，注册会计师很少介入包括法律法规的修订等顶层制度设计中，主要原因是对自己的专业知识与专业水平缺乏信心，认为那些都是专家们的事情，与自身没有多大关系。本人在对《劳动合同法》提出修改意见时，也曾经有过这个想法。其实，注册会计师完全有能力在包括法律法规的修订等顶层制度的设计中，发挥我们的专业优势。

## （三）政治高度，大局观念

注册会计师的政治高度就是要毫不动摇地、坚决贯彻执行党在不同时期的方针政策，注册会计师的大局观念就是要从社会经济发展的角度来衡量注册会计师的工作。世界经济发展的历史证明：一个没有政治敏感度、没有大局观念的企业家，肯定不会是优秀的企业家。注册会计师是市场经济的参与者，以“依法、公平、公正”维护市场参与各方的合法权益为己任。所以，作为新时代优秀的注册会计师，必须具有高度的政治敏感度和站得高、望得远、谋大局的能力。这样，注册会计师行业才能更好地为国家重大战略服务，才能有注册会计师行业的高质量发展。

## （四）把握时代脉搏，围绕经济建设中心

党的十九大确定我国经济从高速增长阶段转入高质量发展阶段，在贯彻新发展理念、构建新发展格局的过程中，必然要面对许多的顶层制度需要进一步完善或重新设计的问题，如《劳动合同法》中一次性支付员工补偿金的规定就是其中之一。法律法规是一项重要的顶层制度，党的十八届四中全会通过的《中共中央关于全面推进依法治国若干重大问题的决定》中明确“依法治国”是我国的基本方略，是实现国家治理体系和治理能力现代化的必然要求。2020年10月14日习近平总书记在深圳经济特区建立四十周年庆祝大会上指出“必须以更大的政治勇气和智慧，坚持摸着石头过河和加强顶层设计相结合，不失时机、蹄疾步稳深化重要领域和关键环节改革，更加注重改革的系统性、整体性、协同性，提高改革综合效

能”，说明了“顶层制度的设计与完善”的重要性与艰巨性。所以，注册会计师作为专业人士，积极参与这场顶层制度设计责无旁贷。如果注册会计师在这场顶层制度设计与完善中缺席、失位，注册会计师作为经济秩序重要参与者与执行者应有的地位就会丢失。

## （五）敬业精神，做精做专

敬业精神是指因对职业的热爱而全身心投入、忘我投入的精神，其核心是专注、坚持与无私奉献，有强烈的责任感，认真负责、恪尽职守、精益求精、积极向上的工作态度，以及兢兢业业、艰苦奋斗的精神。目前，除财务报表传统审计业务外，高新企业认定审计、清产核资、司法鉴证、破产清算以及财税咨询、投资策划等一大批新型业务已成为注册会计师的经常性业务。一个人的精力毕竟有限，要求一名注册会计师对所有业务都一清二楚是不现实的。所以，我们要根据自身业务的特点，有所侧重地在某些细分的市场，做精做专，做出特色，成为某些细分领域的专家、权威，这样，注册会计师行业才能更好地为顶层制度设计服务，更好地服务社会经济发展和国家重大战略。

本人从事注册会计师工作30年，于2002年，在原《中华人民共和国企业破产法（试行）》（适用全民所有制企业）适用时，便开始接触企业破产清算业务，伴随着2007年6月1日新的《企业破产法》实施至今，一直在企业破产业务第一线奋斗，并以敬业精神把该业务做好。因此，才能在2021年3月对《劳动合同法》提出修改意见。

习近平总书记指出：“在我们这么一个有着14亿人口的国家，每个人出一份力就能汇聚成排山倒海的磅礴力量，每个人做成一件事、干好一件工作，党和国家事业就能向前推进一步。”[①]所以，我们行业每位注册会计师在顶层制度设计中，在服务社会经济发展和国家重大战略中，只要能做成一件事、干好一件工作，就能把注册会计师行业的高质量发展以及党和国家事业的发展推进一步。

① 习近平：《习近平谈治国理政（第四卷）》，外文出版社，2022，第61页。

# 附录二　对公司清算过程中追究股东欠缴出资责任的探讨

伴随2013年12月对《公司法》的修改及商务制度改革，公司注册资本以“认缴制”取代了“实缴制”。受新冠疫情的影响，部分中小微公司不得不进入清算程序。这就产生在股东欠缴出资情况下，个别公司进行清算的情形，也就涉及追究股东欠缴出资责任的问题。本文结合案例对公司清算过程中追究股东欠缴出资责任相关问题作一些探讨。

## 一、案例基本情况

公司清算业务，是注册会计师接触的经常性业务。笔者近期经办的一宗公司清算对股东欠缴出资责任的追究案例，比较典型又有一定的代表性。

### （一）公司成立后，一股东欠缴出资

2014年5月18日，陈先生与周先生制订公司章程和签订出资协议约定：两人共同出资设立N公司，N公司注册资本500万元。其中：陈先生认缴出资300万元，占60%股份；周先生认缴出资200万元，占40%股份。出资方式均为货币资金，首期20%的出资（100万元）在N公司取得营业执照后1个月内由双方按比例投入，其余400万元在N公司取得营业执照后的12个月内由各方按比例投入。N公司于2014年5月28日在公司登记机关注册登记成立，陈先生任公司执行董事、法定代表人（总经理），周先生任监事。公司的经营范围是土石方工程。

N公司于2014年8月正式开业经营。N公司成立后，在规定时间内，陈先生与周先生按各自认缴的出资投入首期出资款100万元，用于订购碎石、运输设备和公司正常资金周转。在公司取得营业执照12个月内，陈先生逐步再投入认缴的其余240万元出资，即陈先生认缴300万元的注册资本已全部缴足，但周先生除缴付首期40万元出资外，尚有160万元未按出资协议与章程规定缴付。

### （二）公司进行清算，引发追究欠缴出资争议

因石场开采证2019年底到期，2019年9月，陈先生、周先生决定，N公司至2019年底终止经营进行清算。但2020年1月，受新冠疫情影响，N公司清算工作未能如期展开，公司也就停业了。直到2023年3月，新冠疫情防控转入新阶段后，陈先生和周先生再郑重其事地启动对N公司的清算工作，并聘请正大所为清算组成员、协助N公司的清算工作。

清算组成立后，依法刊登清算公告、通知已知债权人申报债权、清理债权债务等。自2019年下半年开始，N公司有计划地清理有关债权债务，终止与员工的劳动合同等。据此，经清算，N公司不欠职工工资、不欠税款，原欠付有关供应商的货款，在变卖设备后经讨价还价打折已结算清，清算工作本可顺利结束。但陈先生的亲属提出：清算组需追究股东周先生欠缴出资责任，即要追缴周先生欠缴160万元的出资款及自2015年5月28日起至2023年3月28日（决定公司进行清算日）的利息。由此，引发对追究股东欠缴出资责任问题的争议。

理越辩越明，法越辩越清。对清算组是否追究周先生欠缴的出资责任问题，经争辩，形成追究与不追究两种截然不同的结论。

## 二、当公司财产不足以清偿债务时，必须追究股东欠缴出资责任

现行《公司法》等法律法规均明确规定，在公司清算过程中，当公司财产不足以清偿债务时，必须追究股东欠缴出资责任。这些法律法规有如

下规定：

一是《公司法》第二十八条明确规定："股东应当按期足额缴纳公司章程中规定的各自所认缴的出资额。……股东不按照前款规定缴纳出资的，除应当向公司足额缴纳外，还应当向已按期足额缴纳出资的股东承担违约责任。"

二是《最高人民法院关于适用〈中华人民共和国公司法〉若干问题的规定（二）》（法释〔2008〕6号）第二十二条明确规定："公司解散时，股东尚未缴纳的出资均应作为清算财产。股东尚未缴纳的出资，包括到期应缴未缴的出资，以及依照公司法第二十六条和第八十条的规定分期缴纳尚未届满缴纳期限的出资。公司财产不足以清偿债务时，债权人主张未缴出资股东，以及公司设立时的其他股东或者发起人在未缴出资范围内对公司债务承担连带清偿责任的，人民法院应依法予以支持。"

三是《企业破产法》第三十五条规定："人民法院受理破产申请后，债务人的出资人尚未完全履行出资义务的，管理人应当要求该出资人缴纳所认缴的出资，而不受出资期限的限制。"2013年9月5日《最高人民法院关于适用〈中华人民共和国企业破产法〉若干问题的规定（二）》（法释〔2013〕22号）第二十条第一款规定："管理人代表债务人提起诉讼，主张出资人向债务人依法缴付未履行的出资或者返还抽逃的出资本息，出资人以认缴出资尚未届至公司章程规定的缴纳期限或者违反出资义务已经超过诉讼时效为由抗辩的，人民法院不予支持。"据此，即使在破产清算情形下，出资人欠缴的出资，管理人需代表债务人向出资人追缴。

综合以上所述，无论是公司自行组织清算，还是破产清算，在公司财产不足以清偿债务时，股东欠缴的出资需补足缴交。现N公司清算过程中是否追究股东周先生欠缴出资责任争议的关键：经清算，N公司不存在未清偿公司债务时，是否需要、有无法律依据再追究股东周先生的欠缴出资责任。

## 三、当不存在未清偿公司债务时，拟不宜再追究股东欠缴出资责任

以上从现行法律法规的角度理解，在公司清算过程中，追究股东欠缴出资责任的前提条件是“当公司财产不足以清偿债务时”。据此，笔者认为，从立法本意、欠缴出资造成的后果角度分析，在公司清算过程中，在不存在未清偿公司债务的情况下，不宜再追究股东欠缴出资的责任。理由如下：

一是与立法宗旨不符。《公司法》第二十八条的规定，是在公司持续经营情况下，为了促使股东按公司章程的规定缴付出资，确保公司正常运转所需资本金而作出的规定。当公司进入清算、已是非持续经营条件且不存在未清偿公司债务情况下，再追究股东欠缴的出资，已无现实意义，也违背了该条立法的宗旨。

二是与注册资本保障范围不一致。注册资本是指公司章程确定、在公司登记机关登记、公司全体股东实缴的出资或股本总额。注册资本是股东对公司承担责任的限额，是公司承担债务责任的基础。通俗地说“注册资本是做生意的本钱”，我国《公司法》实行注册资本金制度，主要是保障公司债权人的合法权益，即公司具备了一定的“本金”后，公司才可以向他人（债权人）借钱，或他人（债权人）才愿意同公司发生经济业务往来。当公司进入清算程序而又不存在未清偿公司债务情况下，以“注册资本”的出资约定再来保障另一位出资人的权益，显然已超出了注册资本保障的范围。

三是追究欠缴出资责任的法律主体不符。《公司法》第二十八条第二款“股东不按照前款规定缴纳出资的，除应当向公司足额缴纳外，还应当向已按期足额缴纳出资的股东承担违约责任”一句说明，追究欠缴出资责任的主体应该是已足额缴纳出资的股东。在公司自行组织清算情形下，如果清算组没有得到已履行出资义务股东的授权而贸然追究另一股东欠缴出资的责任，法律主体上存在瑕疵。当已履行完出资义务、放弃追究欠缴出资责任的情形下，清算组不应再实施追究程序。

四是最高人民法院曾经出具类似的司法解释。为依法准确审理军队、武警部队、政法机关移交、撤销企业和与党政机关脱钩的企业所发生的债务纠纷案件和破产案件，2001年3月20日，最高人民法院发布的《最高人民法院关于审理军队、武警部队、政法机关移交、撤销企业和与党政机关脱钩企业相关纠纷案件若干问题的规定》（法释〔2001〕8号）第十六条，明确“人民法院在执行涉及开办单位承担民事责任的生效判决时，只能用开办单位财政资金以外的自有资金清偿债务。如果开办单位没有财政资金以外自有资金的，应当依法裁定终结执行”。这就是对军队、武警部队、政法机关移交撤销企业和与党政机关脱钩企业，存在未清偿债务的情况时，在一定条件下免除追究举办者（出资人）连带责任人作出的具体规定。

## 四、追究股东欠缴出资的法律漏洞，弊端明显

目前，在公司清算过程中，无论是公司自行组织清算，还是法院指定的强制清算，不论是否存在未清偿公司债务，均应追究股东欠缴出资的责任。对此，通过N公司的清算案例，笔者认为，这是一个明显的法律漏洞，这个法律漏洞存在的后果，也比较严重。

### （一）造成对欠缴出资股东的重复惩罚

根据《公司法》第三十四条“股东按照实缴的出资比例分取红利”，以及《公司法》第三十七条涉及股东会行使的职权中，股东是按实际出资额行使职权的，也就是在公司正常经营过程中，对未缴付的出资额部分，股东已受到不行使未缴付部分股东权利的处罚。据此，在公司清算过程中，在不存在未清偿公司债务的情况下，仍追究股东的欠缴出资责任，势必造成对股东欠缴出资额进行了重复惩罚的事实。如N公司的清算案例中，在2015—2018年4个会计年度中，按照股东实缴出资已分配的利润合计120万元，是按N公司340万元实收资本计算进行分配的，即陈先生实际出资300万元，周先生实际出资40万元的比例进行分配，4年累计分得利润

（含个人所得税，下同）陈先生105.88万元，周先生14.12万元，即周先生欠缴出资已经得到少分得利润的惩罚。因此，按法理，在公司清算阶段，除债权人的债权未得到受偿外，不应再对其进行惩罚。

## （二）为“谋取非法利益”提供合法的途径，或造成国有资产重大损失

N公司的案例中，经清算N公司不存在尚未清偿的债务，如果再对周先生追究欠缴出资的160万元及其利息30万元，计入清算财产进行分配，则理论上清算可分配的财产190万元，清算后陈先生仍可分得剩余财产114万元，周先生76万元。假设N公司注册资本5000万元或5亿元甚至更多，陈先生是自然人而另一股东来自国有企业的话，如果国有企业认缴的40%全部没有出资，清算后同样不存在未清偿公司债务情况，又需要再追缴国有企业欠缴出资的责任，如此，陈先生投资设立的N公司即使未开展任何经营业务，也可分得国有企业欠缴出资60%的所谓“清算剩余财产”。那样，不法分子可以通过“专门成立公司形式”来谋取非法利益，这个法律漏洞或为不法分子的“违法行为合法化”提供了途径，或造成严重的国有资产流失。

## （三）造成司法成本的极大浪费，人为制造和激化社会矛盾

目前，司法实践中，公司清算不管是否存在未清偿的公司债务，均追究股东欠缴出资的责任，据此，造成极大的司法资源浪费。笔者经办的几宗法院指定的强制清算案件，均不存在未清偿的公司债务，只是公司股东之间对欠缴出资问题争论不休，由清算组代表公司对欠缴出资提起诉讼，经历一审、二审而长期难以结案。事实上，股东在作出公司清算决定时，对股东的欠缴出资，心中有数或已协商一致。如N公司的清算案例中，已履行完出资义务的陈先生，原本就没有想再去追究周先生欠缴出资的责任，当清算组向陈先生提出是否追究周先生欠缴出资责任的问题时，陈先生坚定地表示，他与周先生朋友一场都不容易，虽然法律有这样的规定，

但他不想再追究周先生欠缴出资责任。

其实，对广大的民营企业来讲，股东之间大多数是亲人或者是朋友，能一起投资办企业，原本没有什么大的矛盾。如果因为存在追究股东欠缴出资责任的法律漏洞，在公司清算过程中，出于利益的驱动，让原本不会产生的“追究股东欠缴出资责任问题”产生法律诉讼案件，不仅造成司法成本的极大浪费，而且会人为制造和激化社会矛盾。

### （四）影响投资者积极性，影响营商环境

一方面，良好的营商环境建设是一个系统工程，需要方方面面的制度安排，如市场准入、公平竞争、市场监督、宏观调控、产权保护、产业结构、社会信用、国际贸易、国际投资、统一大市场等。这些制度安排中，最根本的是“法治”，唯有法治才能维护市场参与者群体最为看重的因素——交易安全，所以，依法而治和良法善治的状态是良好营商环境的精髓。

另一方面，众所周知，任何商业活动都是面向未来的冒险，不确定性无处不在。在面向未来的决策中，行为预期是一切问题的关键。可以为大多数市场参与者提供清晰、稳定的行为预期，才是良好的营商环境。同时，投资者的核心竞争力是能从众多不确定因素中，对未来作出相对准确的预判，以实现趋利避害，捕获更多交易机会。据此，唯有“法治”环境下的法律规范才能给投资者提供最大限度的确定性行为预期。在公司清算（包括破产清算）过程中，当不存在未清偿公司债务时，明确不再追究股东欠缴出资的责任，堵住法律漏洞，势必使投资者有了更明确、清晰与稳定的行为预期，利于增强投资者的信心与调动投资者积极性，促进良好营商环境的建立。所以说“法治是最好的营商环境”。

## 五、完善法律，意义深远

针对公司清算过程中，当不存在未清偿公司债务时，仍能追究股东欠缴出资责任的法律漏洞。笔者提出如下完善法律法规的建议：

一是在《公司法》第二十八条中增加第三款内容“在公司清算时，当不存在未清偿公司债务时，不再追究股东欠缴出资责任”。

二是在《企业破产法》第三十五条增加第二款内容“经清算，当不存在未清偿公司债务时，不再追究股东欠缴出资责任”。

三是在法释〔2020〕18号第二十二条增加第三款内容“在公司清算时，当不存在未清偿公司债务时，出资人提起追究股东欠缴出资责任的，人民法院不予支持”。

法律是一项重要的顶层制度，党的十八届四中全会通过的《中共中央关于全面推进依法治国若干重大问题的决定》中明确依法治国是我国的基本方略，是实现国家治理体系和治理能力现代化的必然要求。2013年2月23日，习近平总书记在十八届中央政治局第四次集体学习时的讲话中指出：“人民群众对立法的期盼，已经不是有没有，而是好不好、管用不管用、能不能解决实际问题；不是什么法都能治国，不是什么法都能治好国；越是强调法治，越是要提高立法质量。”所以，一条好法律应该在实施过程中，利于促进社会公平正义，利于解决矛盾而不是制造矛盾。据此，针对在公司清算过程中“追究股东欠缴出资责任”法律条款存在的漏洞，我们应该正视它，堵住这个漏洞，消除这个法律漏洞可能产生的不良后果，这对塑造良好的营商环境具有重大而深远意义。

# 附录三　他山之石

——对博士留美工作的几点思考

一直以来，笔者对学生出国留学与留学生在国外就业问题有所关注，2023年10月中下旬，笔者去了一趟美国，有机会同留美博士就他们在美国的工作、生活等问题进行了更深入的交流、探讨。由此，引发笔者对博士留美有关问题的思考。

## 一、博士留美，现状趋势

改革开放以来，在国家的政策引领与支持下，我国很多优秀学生把前往美国读博士作为人生的重要选择。据云学教育科技集团有限公司官方网站"留学云"2021年10月30日公布的《美国博士学位调查》（SED：Survey of Earned Doctorates）的结果：在2020届所有美国大学博士学位获得者中，有18166人是国际学生（占总人数的33%），其中，中国籍学生6337人（比2019届6305人多了32人），占全部国际学生的35%，中国籍学生数量是排名第二的印度籍学生数量的3倍。这6337名中国籍留美博士中，攻读理工科博士学生有5730人，占90%。同时，2020届博士毕业生中，中国籍博士留美意向强烈，留美工作的比例为80.1%，而韩国籍博士留美工作比例只有65.2%。2014—2020年，有40277名中国籍学生在美国获得博士学位，其中80.7%选择留在美国。

2020年8月30日我国教育部网站公布的各级各类学历教育学生情况显示，2020年全国高校博士毕业生人数为66176人。而当年美国大学培养的中国籍博士学生就有6337人，约为全国国内高校博士毕业生人数的9.58%。

目前，我国高校博士毕业生留在美国工作的具体人数尚无官方数据，综合有关方面的信息显示，近几年来，由美国大学培养的中国籍博士学生人数每年在6000～7000名之间，数量较为稳定。同时，中国籍学生在美国获得博士学位后，80%以上选择留在美国工作。当然，今后随着我国出生人口的减少，我国留美博士的人数也会相应下降。我国这么多优秀的学生，在美国获得博士学位后，选择留在美国工作。一直以来，我国政府有关部门与学者对此现象高度重视。

## 二、博士留美，目的缘由

为何我国有那么多的博士留在了美国？带着这个问题，在本次的美国行期间，笔者同留美博士进行了很直白的交流。笔者想从美国用人单位与博士留美目的的角度，来探讨博士留美的问题，让结论更具有说服力。

### （一）博士入职，水到渠成

留美博士在毕业前，绝大多数都希望先留在美国工作一段时间，一是能积累相应的工作经验，学习到更多的先进技术；二是国内用人单位对回国的博士的实践经验非常看重，有较丰富经验的博士回到国内可获得更高的职位和报酬。一般情况下，留美博士毕业前夕会根据自己所学专业的情况，向相关的美国企业投简历求职。美国企业根据需要，选择合适的求职博士进行面试，经美国企业与博士的深度交流沟通，双方满意就会签订期限为3～4年的劳动合同。美国是世界第一大经济体，是科技实力最强的国家，总体上对博士高端人才的需求量大。同时，美国市场是开放、自由的，而人力资源是市场的重要因素之一，留美博士在自由程度与开放程度高的市场中，容易寻找到适合的位置。据此，博士比较容易在美国获得就业机会，特别是专业涉及网络科技、生物制药、大数据等新兴产业方面的博士。所以，博士留美，是博士与用人单位双方自愿选择的结果，是自然而然、水到渠成的。

## （二）优厚薪酬，法律保障

综合留美博士的有关信息，我们不难发现，导致博士决定留美最关键、最重要的因素，是留美能获得的优厚的薪酬，且这种优厚的薪酬得到美国法律的有效保护。

### 1.劳动合同，工作签证

我们都知道，留学生在学校就读期间，持有的是在美“留学签证”。根据美国的法律，博士毕业后，如果在美国取得与用人单位签订的正式劳动合同，则可以签注在美国的工作签证。如前所述，美国对博士的需求大，这样，大部分在美就读的留学生，一般在博士学位取得前夕，会向美国相关企业、单位求职，希望得到在美就业机会。在留学生获得博士学位前，与用人单位签订了受美国法律保护的劳动合同，标志着博士留美跨出了坚实的一步。一是凭该劳动合同，他们可办理与劳动合同期限相同的工作签证，让他们在博士毕业后有了合法的身份留在美国工作；二是他们在美国有了稳定的收入来源，在美国的生活有了经济保障。

### 2.薪酬高低，经济决定

2022年3月1日，“白颐路观潮” 在“知乎”发布的《美国和中国GDP排名前24名城市的对比》一文中，将我国六大城市分别与美国六大都市圈的人口与人均地区生产总值进行了对照，结果如附表3-1。

附表3-1　我国六大城市与美国六大都市圈人口与人均地区生产总值数据对比情况①

| 城市/都市圈 | 中国 | | 美国 | |
|---|---|---|---|---|
| | 人口（万人） | 人均地区生产总值（万美元） | 人口（万人） | 人均地区生产总值（万美元） |
| 上海/纽约都市圈（包括纽瓦克icon和新泽西市） | 2487 | 2.7 | 2014 | 8.3 |

① 此表中的中美两国城市人口按2020年普查结果，中国的人均地区生产总值取2021年值，美国的人均地区生产总值取2020年值，虽然不是一年，但是由于在此期间人民币与美元汇率变动不大，我国2021年与2020年人均地区生产总值变化不大，仍具有一定的可比性。

续表

| 城市/都市圈 | 中国 | | 美国 | |
| --- | --- | --- | --- | --- |
| | 人口（万人） | 人均地区生产总值（万美元） | 人口（万人） | 人均地区生产总值（万美元） |
| 北京/洛杉矶都市圈 | 2189 | 2.85 | 1321 | 7.6 |
| 深圳/芝加哥都市圈 | 1756 | 2.7 | 962 | 6.6 |
| 广州/旧金山奥克兰伯克利都市圈 | 1868 | 2.3 | 475 | 11.4 |
| 重庆/华盛顿都市圈 | 3204 | 1.35 | 639 | 8.5 |
| 苏州/达拉斯都市圈 | 1275 | 2.8 | 767 | 6.8 |

从附表3–1可以看出，北京人均地区生产总值 2.85万美元为我国六大城市最高，芝加哥都市圈的人均地区生产总值 6.6万美元为美国六大都市圈最低，但两者仍相差3.75万美元。劳动者报酬是国民收入的初次分配，在同等条件下，理论上人均地区生产总值高，员工的收入也就高。据此，即便博士在美国六大城市取得最低的劳动报酬，至少也是在中国北京取得报酬的2.32倍（6.6 ÷ 2.85 ≈ 2.32），最大差距可能达到8.4倍（11.4 ÷ 1.35 ≈ 8.4）甚至更多。而事实上，目前，假如博士在国内年薪酬达60万元人民币，同等条件在美国的年薪酬也可达到60万美元或更多。所以，博士的薪酬收入在国内与美国相差8 ~ 10倍也很正常，这是由经济发展水平决定的。

### 3.制度创新，博士扎根

以上从经济发展水平的角度分析，博士在美国可获得高于我国数倍的薪酬。此外，美国企业给予员工“货币薪酬+股票市值”的报酬形式，进一步提高了博士留在美国，最后扎根在美国的可能性。

所谓“货币薪酬+股票市值”的报酬形式，是在劳动合同中，约定除按工作时间给予员工一定数额的货币报酬外，还给予“股票市值”的期权报酬。例如：某企业与员工签订为期4年的劳动合同，约定除每月按工作时间给予货币薪酬外，还约定在4年合同期内另外给员工市值30万美元的公司股票，也就是按季度在4年期间分16次给予市值30万美元的公司股票，即每季度给予市值18750美元的公司股票。具体操作：假设某员工某季度经考核完成工作达标，如该季度末公司股票市场交易价是10美元 / 股，则该员工可以得到1875股的公司股票（18750 ÷ 10=1875）；如某季度末公司股票市场交易价是15美元 / 股，则该员工可以得到1250股的公司股票（18750 ÷ 15=1250），以此类推。员工获得的股票除在公司定期报告公布前后30天内不能卖出外，其他时间由员工自行决定是否卖出。员工获得该股票卖出的本金部分，视同员工取得的薪酬，需缴纳个人所得税；超过本金部分，视为员工的投资收益，需缴纳个人所得税；而低于本金卖出的，则只按员工取得的薪酬缴纳个人所得税。

采取“货币薪酬+股票市值”的报酬形式，对员工而言，自然是一种奖励，这增强了员工的主人翁意识，激励员工尽心尽责、一心一意、全身心投入地努力做好本职工作。对公司而言，用更少的工资成本支出，与员工签订了较长的劳动合同，能有效地调动员工的积极性，提高效率，获得更好的效益。

## （三）情感投资，具体实效

对国外企业，国人常常认为它们只注重经济利益，缺乏人情味。其实，国外公司为了调动员工的积极性，提高生产效率，还是非常注重对员工情感方面的投资的。这里所说的“情感投资”属于进化心理学的概念，意思是建立人与人之间亲密关系的投资，以减少人与人之间不协调、不和谐的行为。人都是感情动物，当人初次来到一个陌生的工作、生活环境时，对周边的人与环境，是没有什么情感的。当人与周边的人、环境熟悉了后，就会产生情感，并思考这个环境是否适合自己，自己是否需要在此长期工作和生活，等等。所以，情感是人类内心深处的一种体验，是人类特有的一种感受，它可以是喜悦、悲伤、愤怒、恐惧、兴奋等多种情绪，是人们与外界环境相互作用的一种方式。情感伴随着感觉而发生，没有感觉便没有情感。情感既是一种主观反应，也是对客观现实的反映。

美国企业对员工的情感投资，有很多具体的形式、方式，如某公司在与员工签订的劳动合同中会明确规定：员工每年享有多少天的假期；员工结婚，有多少天的假期；员工生子，产妇有几个月的假期，产妇丈夫有多少天的假期（是公司规定，不一定是法律的规定）。另外，一些公司还会免费为员工提供一天早、中、晚三顿饭菜，不定期为员工举行生日宴会，等等。这些看似简单的事情，无不体现公司对员工的重视，是公司对员工情感投资的有效方式，让员工逐渐地产生这样一种情感：公司是重视我们的，尊重我们的，我要努力工作，做出成绩来。特别是对远离家人的中国博士来说，这种关怀更让其拥有安全感与归属感。

综上所述，积累经验，打好基础，获得高于国内数倍的薪酬，是博士留美最初的主要目的、重要原因。再加上美国市场化程度高，博士在美国容易找到工作，以及用人单位的情感投入等原因，越来越多的博士长期留在美国。这是市场经济规律决定的。因为，博士也是劳动者，劳动者是市场经济的重要因素，凡是劳动者都有其内在的价值。薪酬的高低不仅衡量劳动者的劳动成果，而且是对劳动者能力、技术和知识价值的肯定与认可。

## 三、博士回国，困惑无奈

在国外获得博士学位的留学生能否回国问题，是我国社会长期关注的焦点问题。如前所述，除非学生获得博士学位时无意在国外就业而果断回国，或在“读书签证”期满时未能落实工作单位回国，一般博士在国外工作了一段时间后，再考虑回国发展，会面临很多的困惑与无奈，路长且曲折。

### （一）习俗观念，阻碍回国

现实生活中，确有博士在国外工作几年后回到国内的情况。但这些博士回到国后，往往受到国内亲友的另眼看待。人们总是认为，他们是在国外混不下去了才回到国内的；而有的同事会认为，他们的回国好像抢了自己的位置，阻碍了自己的升迁渠道，从而对回国博士有诸多冷言冷语和非议；等等。于是，不管博士自身出于怎样的目的，如果其在国外工作了几年后回到国内，往往无形中产生“留在国外是英雄，回到国内是‘狗熊’”的错觉。据此，很多博士会想，在国外工作生活好好的，非要那么辛苦回国干什么呢？这种“羊群效应”，也促使不少博士留在国外。所以，习俗观念，也是博士留在国外的主要原因。

## （二）得失利弊，难以取舍

笔者在《我从坪地石走来》中，曾提出“去国外留学，对人生是一种历练，但学业有成后留不留在国外，也要具体问题具体分析，因人而异”“如果所学和所从事的是一般行业，留在国外发展的空间、前景一般，早点回国也是一种明智的选择”[①]的观点。这个观点是没错，但经本次的美国之行后，笔者认为以上观点太理想化。事实上，很多事情总是“理想很丰满，现实太骨感”，博士在美国工作了几年，打下了一定的基础后，考虑回国发展的话，需要考虑的问题更多，很多事项更难取舍。

一是经济收入方面的考量。大部分留美博士，其父母在国内是一般职员，家庭背景、经济条件一般，博士们凭着自己的努力，在目前我国较公平的高考体制下，从考上大学到出国留学，花费了家里的大部分甚至全部财力，在美国获得博士学位且留美工作多年，再放弃在美国已有的收入高、环境好的优越条件回国，确实很难让博士及其家人下决心。

二是国内工作和生活环境方面的考量。博士在国外生活八九年或更长时间，与国内的朋友渐渐地疏远了，对国内的生活环境、工作的处理方式也逐渐地感到生疏了。当今社会，虽然说江湖规矩、丛林法则、人情世故在全世界通用，但国外还是和国内有明显的差别，如国外“论资排辈”现象很少，也有更多让人展示才华的机会，人的能力、潜能也就容易被发掘出来。所以，当今社会在没有较强大背景的情况下，博士回到国内一切从零开始，确实需要很大的勇气与胆识。

三是家庭与小孩读书方面的考量。博士在国外工作多年后，大多已到中年。此时，博士在国外，有的已经申请到了“绿卡”，有的甚至加入他国国籍，大多数早已在国外结婚成家，并孕育子女。此时考虑回国，不仅要考虑如何落实博士本人的工作问题，还涉及其配偶能否找到合适的工

① 邓宏昌：《我从坪地石走来》，广东经济出版社，2022，第140页。

作、能否适应国内的工作与生活、小孩是否适合在国内读书等一系列问题。在诸多问题较难解决的情况下，很多博士也就放弃了回国的打算。

四是在美国找工作比在国内找工作更容易。美国毕竟是世界第一大经济体，经济总量大，市场化程度较高，对各类技术人才的需求量更大。据此，对具备博士学位者而言，在有相应工作经验的前提下，即使更换工作，也容易谋得新的工作岗位。如2020—2022年，受新冠疫情的影响，美国的很多企业大幅度裁减非美国籍员工，据了解，被裁减的博士职员均在较短时间内，在美国找到了新的工作，很少有被裁减的博士回到中国的情况。

综上所述，在专业、待遇、小孩读书等一系列问题的困扰下，原本有回国想法的博士，深思熟虑之后还是打消了回国的念头，这也是诸多博士长期在国外发展的重要原因。

## 四、启示与思考

通过以上“博士留美，目的缘由，博士回国，困惑无奈”的分析，对博士留美，笔者有以下几点启示与思考。

### （一）国家发展，博士贡献

本次在美旅游期间，笔者参观了位于旧金山硅谷园区的谷歌、苹果、微软公司和脸书公司总部住所，参观了位于圣地亚哥的美国已退役首舰——中途岛号航空母舰和在拉斯维加斯的美国原子弹博物馆和加利福尼亚州的好莱坞电影制作中心，等等。让我感到“震撼”的是中途岛号航母，它是美国海军的一个标志，是美国海军中途岛级航空母舰的首舰，该舰在1943年开始建造，1945年下水服役。1945年我国是怎样的科技水平？一辆汽车都制造不出来，连“火柴”也是“洋火”。新中国成立至今，我国只用几十年的时间，走过了西方国家几百年的发展历程。我国原子弹、氢弹等核武器早在五六十年前就研发成功，而今航母、北斗导航、空间站等均自主研发制造，这么大的进步，这么快的发展，是诸多博士在内科技人员付出毕生心血、做出巨大奉献的结果！

历史的实践充分证明：国家的发展，祖国的强大，离不开科技的进步；科技的进步，离不开科技人才。博士学位获得者，是国际、国内公认的高层次专业技术人才。正因为美国大学培养了大量的各领域博士人才，才支撑了美国的科技创新和经济发展，为美国长期处在世界第一强国提供了人才基础。据此，长期以来，世界各国都把博士教育视为整个高等教育的精华。所以，我国不仅需要大力培养本国的博士，而且需要充分发挥主观能动性，为留美博士提供良好的社会生活条件，使其全心全意为祖国服务而无后顾之忧，这才是上上之策。

## （二）他山之石，法律完善

我们在分析博士为何留在美国时，不难发现，公司对员工实施“货币薪酬+股票市值”薪酬制度，对充分调动员工的积极性、促进公司的长远发展具有重要意义。此项薪酬制度，我们是可以借鉴学习的，应该鼓励公司实施。这就涉及我国诸多法律的完善与修改。

一是我国《劳动法》第五十条“工资应当以货币形式按月支付给劳动者本人”的规定，需要作适当的修改。

二是《公司法》《证券法》相关条款需要修改与完善。“股票市值”作为员工的薪酬支付，与目前我国的上市公司实施的“股权激励”制度有相似之处，但仍存在差别。上市公司实施“股权激励”的范围仅限于公司高管、核心技术管理团队，且需要通过有关部门核准方可实施。而美国公司对员工实施的“股票市值”薪酬制度，面向所有员工，也不需要由政府部门核准。这就涉及对我国《公司法》《证券法》相关条款的修改。

三是对我国《企业会计准则》《企业财务通则》等相关内容的修改。如作为薪酬形式给予员工公司股票所花费的成本，如何计入公司成本费用等问题，均需在相关会计准则或制度中作出规定。

四是《个人所得税法》等相关法律的完善。员工取得股票市值的薪酬股票，其卖出所得的收益如何缴纳个人所得税，也需要进一步明确规定。

总之，“货币薪酬+股票市值”的薪酬制度，是一种崭新的分配制度，属于新生事物，它的实施涉及相关法律的修改与完善。

## （三）优势发挥，情感关怀

关心员工的工作生活，关怀员工成长，是我国企业的优良传统，我们也积累了丰富的经验。同时，也制定和完善了相应的法律法规。《中华人民共和国工会法》第六条第四款明确规定：“工会建立联系广泛、服务职工的工会工作体系，密切联系职工，听取和反映职工的意见和要求，关心职工的生活，帮助职工解决困难，全心全意为职工服务。”目前，国家对博士回国服务十分重视，各地对引进博士，也制定多种形式的鼓励、奖励措施，如一次性给予一笔金额不小的“安家落户费”等。我们需要发挥我国的传统优势，对回国服务的博士给予更多、更好的人情关怀，在博士回国安家落户、子女上学、政策咨询等方面，做得更仔细、更贴心。让博士真正感受到回家、回到亲人身边的亲切、温暖与温馨。

## （四）法律天平，行动指向

从以上博士留在美国的分析中可知，我国与美国在劳动者薪酬以及社会福利方面的法律不同，直接导致博士选择了留在“薪酬水平高、社会福利好”的美国。这就告诉我们，法律就像是天平秤的秤砣，秤砣的轻重直接影响天平秤的倾斜方向与程度。对此，笔者在此次美国之行中，发现还有很多类似的情况，法律不同，对同一事物会带来截然不同的结果。

如在美国很少有居民持有多套住房的，因为美国对房屋征收3%~5%的“房产税”（不论房屋是否使用）。对房屋征收房产税自然提高了业主持有房屋的成本，美国的居民就不愿意买入多套住房。而我国很多居民持有多套住房，其实，住房是拿来住的，房屋也会自然损耗老化（房屋有规定的使用年限），当房屋自然损耗老化至不能用于居住时，持有的房屋还有价值吗?

再如美国旧金山、洛杉矶等城市居民居住在高楼的较少，市区或居民区的房屋大部分是一层平房，或少量2~3层的楼房。究其原因，一方面，美国地广人稀，有足够的土地使用；另一方面，美国法律是否有这样的规定，如果兴建高层房屋，建筑成本提高很多，将来对高层房屋的处置成本（处理建筑垃圾）也很高呢？这有待进一步核实。而目前，我国很多五六线城市的县城都兴建了不少高层住房，这些高层房屋自然损耗至将来报废拆除，需要花费一大笔成本，且造成的建筑垃圾成本也不会少。对此，目前我国的法律还处于空白状态。

邓小平指出，社会主义要赢得与资本主义相比较的优势，就必须大胆吸收和借鉴人类社会创造的一切文明成果，吸收和借鉴当今世界各国包括资本主义发达国家的一切反映现代社会化生产规律的先进经营方式、管理方法①。所以，我们要持续关注、研究我国法律与外国法律的差异，对实践证明符合社会发展规律、效果显著可行的国外法律，我们也可以借鉴使用。否则，如果我们把法律天平秤的秤砣任意向某一方压重了，包括博士在内的人才、资金和各种资源就会流向外国，或是人才、资金与资源长期在国外难以回流到国内，从而影响我国的发展、民族的振兴。

## （五）报效祖国，不分内外

目前，由于种种原因，我国仍有一大批博士长期留在国外，不能回来直接服务祖国建设，但博士报效祖国，不分内外。留在国外的博士们，仍可通过各种各样的方式、方法，为祖国效力。2023年10月21日，习近平总书记致欧美同学会成立110周年的贺信中指出：“希望广大留学人员弘扬留学报国传统，爱国为民，自信自强，开拓奋进，开放包容，投身创新创业创造时代洪流，助力中外文明交流互鉴，在推进强国建设、民族复兴伟业中书写人生华章。”据此，只要留在国外的博士有心，虽然身在国外，仍可通过“助力中外文明交流互鉴”等各种方式，报效祖国。

## （六）包容理解，家国情怀

教育部基础教育司前司长王文湛教授曾指出：北京大学、清华大学等985高校中，有20万学子留学美国不回国，这是因为我们的爱国主义教育还不够，教育理念有种种偏差，让学生在不知不觉中受到崇洋媚外的影响。

---

① 邓小平：《邓小平文选》（第三卷），人民出版社，1993，第373页。

王教授的此言论，引起社会不少的讨论与共鸣。对此，我们从以上博士留美的过程、目的与缘由方面的分析中可看出，博士留美不回国，实在有太多复杂的原因，有的甚至有很多的无奈，把留学生不回国全部归罪于爱国主义教育不够，确实失之偏颇。人非草木，孰能无情？从个人情感而言，一位从小在国内长大的学生，父母亲人都在国内，他怎么可能对祖国、家乡没有一点感情？没有人愿意远离父母亲人，背井离乡孤独地在他乡求生存、谋发展。人往高处走，水往低处流，那是正常现象。所以，对不回国的博士，我们要多一些包容与理解，少一些指责或道德绑架。否则，无形中伤了博士们的心，只会把博士们拒之门外，那样，会让有报国之心博士，变得报国无门。

## （七）传统文化，赓续传承

我国是一个拥有悠久历史和灿烂文化的文明古国，在五千多年的发展史中，形成了源远流长、影响深远的中华传统文化，其核心内容是以“仁、义、礼、智、信”为核心的价值观，这与当前倡导的“和谐、爱国、敬业、文明、诚信、友善”等社会主义核心价值观一致。中华传统文化激励我国人民坚韧不拔、自强不息、勇往直前、奋发图强，是中华民族的优秀文化基因，对中华民族的发展和繁荣起到了重要的推动作用。当今社会，博士无论是留在国外，还是回到中国，作为中华民族的子孙，都应该继承和发扬中华优秀传统文化。如果一位博士丢失了中华传统文化，满脑子奉行的是“拜金主义、享乐主义、极端个人主义或历史虚无主义”思想，即使他的专业水平再高，获得再多的金钱财富，他与行尸走肉也毫无差别。那样的博士，专业水平越高，对社会、对民族造成的危害可能越大。正如原子弹掌握在正义之人手里，那是维护世界和平的重要工具与力量，如果掌握在邪恶之人手里，可能是人类的灾难一样。

历史的发展充分证明，一个民族的复兴，需要强大的物质力量，更需要强大的精神力量。文化兴、国运兴，文化强、民族强；没有高度的文化自信，没有文化的繁荣兴盛，就没有中华民族伟大复兴；没有社会主义文化繁荣发展，就没有社会主义现代化。所以，我们切记，不管我们走到哪里，都要让我们的子子孙孙继承和发扬中华民族五千多年的灿烂文化。

## （八）国家富强，博士聚集

人们常说“强扭的瓜不甜，强求的事不顺，强留的人不长”。对目前的博士留美，我们应该有这样的态度与胸襟：该回来的，都会回来，该出去的，都会出去，一切顺其自然。不过，我们深信：随着我国“两个一百年”奋斗目标的实现，国家综合国力的逐步提高，我国留美博士回国自然会越来越多，世界各国的优秀学子到中国来读博，留在中国的外国博士也会越来越多。那时，不论是我国留美、留欧等留学世界各地的博士，还是国内培养的本国博士以及外国籍博士，都在为中华民族的伟大事业努力奋斗，那才是祖国真正实现伟大复兴之时，真正繁荣昌盛、国富民强的盛世时代。我们可以看到，这样的时代正在一步步向我们走来。

# 后　记

在平时的工作中，很多客户称我为“律师”。为此，我又不得不给予纠正——“我是注册会计师，不是律师”。有时，我也好奇地问客户，为什么称我是律师。很多客户对我说，我在经济方面的法律专业知识不次于甚至超过了有的律师，所以，他们以为我是律师。为什么社会上对注册会计师的认识会有所偏差呢？对此，我对注册会计师这个职业进行了长时间的深入思考。

2022年6月，我把《我从坪地石走来》的书稿提交给广东经济出版社出版后，仍有点意犹未尽，自己在会计师事务所连续工作三十年，我希望能把更多相关的体会或感悟用通俗易懂的文字写出来同大家分享。

客户聘请注册会计师为其提供专业服务，主要目的是及时掌握企业经营与发展情况，防范经营风险，确保财产安全，实现财富增长，以取得更大的事业发展、更大的人生成功。据此，因工作关系，笔者对不同领域、不同层次的成功人士为何能取得人生成功，在通往成功的道路上、为成功而奋斗的过程中有何共同点或普遍的规律，以及对民营企业的兴衰、人们财富的积累、富不过三代、财富的传承等问题，进行了长时间和较深度的关注，也有一些深刻感悟。如对子女的教育与培养，从古至今，人才辈出的家庭，绝大多数的父母都不是留给孩子多少财富或给予其多么优越的条件，而是通过一代又一代人的深刻思考和不屈的奋斗，总结经验与教训，以良好的家教形成良好的家风，代代相传，这才是优秀的父母，让孩子真正站在父母的肩膀上有了更高的起点，这样家庭的子女才能更多地“青出于蓝而胜于蓝”，这也是一个普遍的规律。

在以上背景下，我产生了再写一些东西的想法。于是，自2022年7月起，我开始对自己三十年来的工作进行回顾、总结，选择了十多个比较典型案例，分析从这些案例中可以得到什么启示、总结出哪些经验和教训。最后，确定18章内容汇辑成书，其中：第1章阐述自己对“注册会计师是经济领域专业法律人”的认识及执业三十年来的体会感悟；第2章阐述笔者对“法律是国家规矩、公民行为准绳”及对“法律无形，终身相伴”的认识；第3～16章对当好财务专家、婚房房产证加女友姓名、购买商品房无法取得产权证、欠缴个人所得税、股东挂名、股权转让、审计报告结论错误、五亿资产十年变零、发现侵占国有资产嫌疑处理、同工不同酬、压岁钱使用以及带孙子计费等问题案（事）例进行总结分析；第17章阐述“违犯法律，必定是自毁人生”；第18章以“法律至上，文明盛世”予以主题升华。

而后，回过头来看以上18章的内容，其主线是“法律无形，终身相伴”，主题是“恪守法律，成功前提；违犯法律，自毁人生”，18章的内容告诉人们：遵守法律，是人生成功的前提，家庭和睦的保障，社会和谐的根基。而对广大民众而言，法律是“方”的还是“圆”的，人们确实看不见，也摸不着。俗话说“无规矩不成方圆”，何为方？何为圆？人们常说，地道为方，天道为圆。方，即规矩，是框架，是做人之本，是国家法律。圆，即圆通、灵活，是老练，是顺应自然，也是处世之道。五千年的中华文化，倡导“当方则方，该圆就圆，方外有圆，圆中有方，方圆相济”，这是构成社会和谐与社会进步不可替代的旋律。所以，在人的一生中，有一样东西不管你是否愿意，它都无形地存在和围绕着你身边、陪伴你终身，对你的一生产生重大而深远影响；你只有一生遵守它、遵循它的规则，才能获得人生的成功；否则，不管你一时取得怎样的人生成功，积累了多少的财富，只要你敢触犯它、践踏它的底线，那你便是自毁人生、自取灭亡。它就是“法律”！据此，我将书名定为《方与圆——法律的终身相伴》。

由于本人水平有限，书中对案例的总结、提炼，只是一些浅见寡识。文字表述难免存在瑕疵，请读者指正。

本书在撰写过程中，得到了家人和朋友的大力支持。广东标顶技术股份有限公司董事长、惠州市江西商会会长黄建华，中华诗词学会会员邹晓华欣然为拙作分别作序。他们热情洋溢的序辞，对本人及《方与圆——法律的终身相伴》的赞誉，既让我感激不尽，又让我诚惶诚恐。在此，一并表示衷心的感谢！

邓宏昌

2023年11月1日